World as a Perspective

世界作為一種視野

從MIT到中國製造

臺灣如何推動中國經濟起飛

任雪麗 SHELLEY RIGGER

譯——馮奕達

THE TIGER LEADING THE DRAGON

HOW TAIWAN PROPELLED CHINA'S ECONOMIC RISE

謹以本書紀念

Kelly Ann Chaston-Ameri, 1961–2010

Nancy Bernkopf Tucker, 1948–2012

Alan M. Wachman, 1958–2012

以及

Rebecca R. Rigger, 1927–2013

目次

序：雨傘之王

或許你知道，你的iPhone、筆記型電腦與慢跑鞋，有八成是由總部設在臺灣的公司所生產。假如你有在關注國際商業新聞，說不定還聽過生產這些產品的公司，例如富士康、廣達、裕元。但是，除非你在沙漠過一輩子，不然你八成會擁有一項產品，而生產它的公司你卻八成沒有聽過：福太洋傘工廠。福太不具備高科技公司的知名度和魅力，但人人幾乎都少不了雨傘這種尋常之物，而福太生產**非常多**雨傘——全世界第一多。

一九二六年，福太創辦人陳添福在一戶農家出生。當時的臺灣仍是日本帝國的一部分。他的人生故事既非凡、又平凡。他的成就不同凡響，但他的個人生命歷程，同時也是過去數十年來他的國家所走道路的忠實寫照。講述陳添福的故事，有助於說明臺灣經濟發展的軌跡——從農業到工業，從出口製造業到海外投資（投資標的多半在中國）。陳添福抓準機會起家興業，而這些機會是由一系列的政府政策與市場潮流所造就，因此陳添福的故事也能讓我們對臺灣的政策制定者，以及臺灣經濟發展所處的全球經濟情勢有更多瞭解。

陳添福創業時，第二次世界大戰才結束沒幾年。當時他本在一家水果貿易行擔任出口經理，公司業務很簡單：臺灣農民為日本消費者種植香蕉與鳳梨。農產出口業最難的環節在於製作鳳梨罐頭，以及確保香蕉在還沒爛掉前就送到當地。難歸難，對臺灣果農來說，那仍是個黃金時代；一九五〇年代的臺灣島是著名的香蕉王國，甚至還有一位「香蕉大王」：商人陳查某。臺灣政府鼓勵農產貿易。農業是臺灣的比較優勢（comparative advantage）所在，出口則能帶來亟需的外匯。

儘管那時還只是個年輕人，陳添福卻已深信兩個道理：「永遠早一步」和「把目標放在長久財，而非機會財」。據臺灣《商業周刊》人物特寫報導，陳添福認為香蕉市場馬上就會飽和，於是早在一九五一年便著手尋找事業新天地，要從競爭激烈、利潤微薄的香蕉王國中脫身。

一九五三年，陳添福拿出自己的存款，一千三百美元，在臺北開了一間製傘工廠。起初，他把香蕉銷往日本，換購日本生產的傘架；當年的日本是首屈一指的雨傘出口國。一九五三年，陳添福與九名員工胼手胝足，用日製傘架與傘布，每個月組裝出六千把雨傘。在《商業周刊》專訪中，陳添福回憶起香蕉大王笑他傻：「大家為的是賺香蕉錢，所以可以買雨傘賠錢（原報導編按：日本為平衡逆差，因此要求臺灣必須購買日本工業品，傘材也是選項之一），那你〔卻〕要來做雨傘工廠？」

在一九五〇年代早期轉往製造業，是一步險棋。當時臺灣政府嚴格控制產業轉型，對於進口零組件課徵高關稅，包括陳添福需要的傘架。但陳添福知道，賣香蕉之類的生意（以及賣米、糖的生意），都正在創造一種對消費商品的需求，所以他決定不等市場成熟，要比別人早一步布局。數世紀以來，臺灣人拿的都是紙傘，而尼龍傘面與鋼骨堪稱邁進一大步。紙傘雖然漂亮，但綁竹工法與油紙傘面讓紙傘既昂貴又沉重，而且面對暴雨還不太可靠。臺灣屬熱帶氣候（臺北全年雨日超過一百八十天），耐用、價廉、質輕的尼龍傘成為大受歡迎的創新產品。

福太的發跡史堪稱進口替代的經典故事。豐沛的廉價勞動力（包括親力親為的陳添福）彌補了公司的低技術水準與低資本投入。憑藉最基礎的技術與進口零組件，陳添福設法生產出臺灣消費者可接受價格的量產雨傘，進而累積出資本可以再投入自家事業。

他也確實投入更多資金。沒幾年後，他就開始進口未加工鐵管，製造自用零組件，這不僅提升了福太的附加價值與技術水準，也為他帶來低關稅稅率，因為他進口的不再是工業零組件。漸漸的，福太從簡單的組裝，轉向挑戰多樣且複雜的製程，包括鋼鐵材料製造和電鍍、用塑膠模具製作傘的握把、尼龍傘面印刷，以及雨傘的設計。

後來果真如陳添福的生意經所料，不久別人也看到製傘潛力，新的供應商迅速進入市場。政府開始支持製造業，先以國內消費為主，後來轉為出口導向，一間間小工廠在島上如雨後春筍般冒出。陳添福回想當年臺灣出口製造業蓬勃發展的高峰，人人都把「客廳就是工廠」這句口號掛在嘴邊。農民利用農閒時間投入，成為產業的下游基礎，製作包括雨傘在內等各種消費商品。

臺灣從香蕉王國搖身變成雨傘王國（還有玩具王國、拖鞋王國、廉價塑膠製品王國……），陳添福的投資也有了回報。福太生意蒸蒸日上，在臺北市郊五股蓋了一處廠區，每年將原物料改頭換面成三百多萬把雨傘完成品，同時另外再生產組裝六百五十萬把雨傘需要的傘架，賣給臺灣與國外的其他組裝廠。福太持續保持業界領先地位，因為它已站穩腳步，在技術上也占優勢。《商業周刊》的報導說，陳添福為其他小供應商供應零組件，從而化競爭者為顧客。

顛峰時期的臺灣製傘業稱霸了全球市場。八十家公司經營超過三百間工廠，供應美國與西歐三分之二的雨傘進口。到了一九七〇年代中期，雨傘量產市場的供應商幾乎全在臺灣，連日本也難敵；明明二十年前，日本還在為臺灣的新興產業提供零組件，此時卻幾乎只生產高級雨傘。

福太投身進口替代工業，為本地市場生產雨傘，而後轉型為出口導向產業。福太也投入了代工生產（contract manufacturing）：臺灣經濟發展路線的另一項關鍵要素。一九七〇年代中期，福太總產能有四分之一是提供給一間美國公司，亦即總部位於俄亥俄州洛弗蘭（Loveland）的 Totes Inc.。

在美國成立、行銷品牌的前景望之令人生畏，但掛著 Totes 的品牌販售，讓福太得以專注於自己最擅長的產品開發與優良製造，而非品牌經營與行銷。代工生產是臺灣實業公司的共同戰略，今昔皆然。但福太投入研發的資源卻超乎尋常。這家公司擁有數百項雨傘製造新技術專利，更開發出最早的自動開合傘與其他眾多創新。陳添福的兒子告訴《商業周刊》：「我最佩服父親的就是他不斷研發的精神。」

代工生產有其優點，但利潤微薄。一個產品中的品牌相關價值泰半累積在品牌所有者身上，代工生產商幾乎隨時可以替換，導致後者在議價能力上居於劣勢。對於臺灣廠商（以及日本國內其他成功的代工生產商）而言，品質與可靠（兩者在很大程度上有賴互信關係與穩定管理）是吸引顧客不斷回頭的關鍵。儘管代工生產一直是福太經營模式的重要一環，福太最後還是在海外成立了子公司，銷售自有品牌商品。福太創立的第一批品牌於一九九一年進入美國市場。此後福太的產品除了經由貼牌製造模式在美販售之外，也掛上「Rainkist」、「Leighton」與「Tina T」等自家商標在美上市。

低廉的勞力成本使臺灣出口製造業得以一飛衝天，但飛速成長也導致工資水漲船高。一九六一至一九七一年間，臺灣人均收入成長至原來的兩倍以上，而後又在三年間翻了一倍。光是一九七三年，薪資水準就成長了五〇％。永遠早一步的陳添福料中了局面發展，他很早就開始多角經營，確保福太事業單位能在新興產業中，以及更有價值的消費性製造業中占有一席之地。

為此，福太將公司析產分立（包括與日本廠商合資的公司在內），分拆為專研各個製程環節的多家子公司。這些子公司隨後也發展出其他產線，從速克達皮帶、熱導管到鋁質電容外皮，各式各樣。福太的關係企業在上述個別產業領域中均握有相當大的市占率，若不是位居產業第一，至少也名列前茅。這些子公司也把技術帶回福太，例如協助福太將鋁應用到雨傘設計中。

一九八〇年代初期，臺灣的雨傘霸主地位不再，此時工資上漲迫使福太往島外尋找製造業契機。一九八二年，福太在哥斯大黎加與印度開設工廠。一九九〇年，福太也搭上了本書將探討的那股潮流——在中國設廠生產。今天，福太及其子公司在廈門與蘇州生產雨傘、金屬製品，以及木製與塑膠零組件。控管、支撐整個事業群的則是位於臺北的一間銷售辦公室和設在香港的一家投資集團。臺灣區製傘工業同業公會總幹事在二〇〇八年表示：「它（福太）的地位沒有人能夠撼動，是整個產業的頭頭，包含大陸。」

從農業、國內消費性製造業、出口製造業、多角經營到外商直接投資，福太走過了臺灣經濟發展旅途中的每一站。一九九〇年代，「雨傘之王」陳添福努力為其事業注入新生機，在把勞力密集的生產轉移到工資低廉的中國之同時，也持續開拓客群及開發新產品。憑藉「永遠早一步」和「目標放在長久財」，陳添福在一九五三年創辦的福太洋傘永遠領先競爭者，而陳添福也如《商業周刊》所說，「不論晴雨，一直在為臺灣製傘這個行業在撐傘。」其實，陳添福不只打造了臺灣的製傘業，他也是「中國興起成為世界工廠」這股力量更大、影響更深浪潮的弄潮者之一。本書要探討的就是這股浪潮：數以千計的臺灣企業家如何建立事業，同時在過程中改造了中國經濟乃至於全球經濟的樣貌。

誌謝

千百年來，「龍」始終是中國文化中的重要圖騰，但以「龍」象徵中國，本身則是個新穎的概念。一九八〇年，臺灣民歌歌手侯德健發表〈龍的傳人〉，傳唱一時；歌詞裡那句「古老的東方有一條龍／她的名字就叫中國」，使這個概念深植人心。一九八三年，侯德健潛赴中國，他的歌在那裡再度成為金曲；許多臺灣人將在未來幾年後，踏上他懷著熱情奔赴的這條路途。一九八九年，侯德健前往天安門廣場加入學運，中華人民共和國將他驅逐出境，但留下了〈龍的傳人〉，把侯德健的抗議歌曲重新包裝成民族主義頌歌。

當中華人民共和國把「龍」拿來當成其民族國家的象徵，侯德健的故鄉臺灣此時也有了自己的靈魂動物：「虎」。日本異軍突起（日本在一九六八年成為全球第二大經濟體）震驚世人，日本的四個資本主義小鄰邦臺灣、南韓、香港與新加坡則忙不迭跟著日本的腳步往上爬，憑藉自身力量成為全球要角。分析家稱它們「亞洲四小虎（龍）」（Four Asian Tigers）——這四個高度成長的經濟體在不到四十年時間裡，從落後的農業地區一躍成為工業火車頭。

但到了一九八〇年代中期，臺灣經濟開始遇到瓶頸。薪資上揚，加上新的法規與匯率導致製造成本飛漲。一九八七年，臺灣政府宣布解除對中華人民共和國的旅行禁令，臺灣企業家立刻意識到對岸作為低成本製造業平臺的潛力。當時的中國處於經濟開放初期，擁有資本、技術知識或關係的中國人極少，難以供應跨國公司所需商品。臺灣虎商人三者兼備，他們利用自己在臺灣攢積的資產，帶領中國龍進入全球經濟。

***

寫這本書用的時間比我原本的預期長多了。成書過程中，我得到企業鉅子與計程車司機、知識分子與有力人士、企業家與娛樂界、政治人物、政黨成員與慈善家的幫助。我實在無法一一羅列他們每一個人的名字，但每一個願意分享自己故事的人，都令我銘感五內。

在此我也要特別感謝我的學術同行，他們為深入瞭解、詮釋臺灣與中華人民共和國的經濟轉型，長年埋首辛苦研究。這些年來，我與其中許多學者成為好友，像是陳志柔、陳明吉、程惕潔、傅道格（Douglas Fuller）、高棣民（Tom Gold）、李駿怡、林岡、林夏如、舒耕德（Gunter Schubert）、陶儀芬與吳介民。其他影響了本書研究成果的同事與友人（無論他們曉不曉得）還有鮑彤（Nathan Batto）、卜睿哲（Richard Bush）、戴雅門（Larry Diamond）、羅達菲（Dafydd Fell）、費雪若（Sara Friedman）、葛來儀（Bonnie Glaser）、蓋南希（Nancy Guy）、柯偉林（William Kirby）、Murray Rubenstein、史漢傑（Hans Stockton）、祁凱立（Kharis Templeman）、曾銳生（Steve Tsang）、魏樂博（Robert Weller）與Joe Wong。

儘管無法逐一具名感謝每位幫助過我的人，但有幾位的貢獻絕不能忽視。本書有部分出自我擔任共同作者的論文，一篇與任友飛（Toy Reid）共筆，另一篇則是與舒耕德。兩位孜孜不倦的研究員Rose Vassel與Shelly Lu，為我提供珍貴的協助。我的學生Lincoln Davidson、Alex Gittin、Alana N.與良師兼益友范美媛用各式各樣的方法助我一臂之力。我的家人——David、Jamie與Tilly Boraks——時時鼓勵我，哪怕這代表他們的苦日子就要來了。

若沒有戴維森學院（Davidson College）與史密斯・理查森基金會（Smith Richardson Foundation）的資助，我不可能寫出本書。另多虧傅爾布萊特美國學者計畫（Fulbright US Scholar Program）尤其是在臺執行長那原道（Randall Nadeau）的慷慨與無比彈性，本書才能完成。書中表達的純為我本人的觀點，與戴維森學院、史密斯・理查森基金會、傅爾布萊特計畫、美國國務院或其夥伴組織，以及其他團體、機構乃至個人，均無干係。

最後，我要感謝羅曼及利特菲爾德出版（Rowman & Littlefield）的編輯 Susan McEachern，謝謝她的耐心與信心。

第一章

毛時代中國如何變成「世界工廠」

中國建國以來的第一個三十年間，其經濟孤立、波動、停滯、生產力低下。老百姓失業、行動受限、貧困而窮苦。米麥、衣皂等基本物資實施配給，連最平常的「奢侈品」都無從取得。況且任何有「自私自利」之嫌的舉動都背負著汙名，普通民眾即使有物質可以享受，想必也很難真的享受。這個國家的經濟嚴重失衡。為了挹注國有重工業，農業部門遭到壓榨（農民因而長期吃不飽，有時甚至幾近餓死），平民百姓連最基本的消費品都無從取得。毛澤東時代的政策制定者拒不接受貿易、市場、私有制。簡言之，他們對商業關起大門。

不過，毛澤東時代結束的三十年後，中國卻獲封「世界工廠」頭銜。經濟成長在三十年內一飛衝天，國內生產毛額（gross domestic product, GDP）連續十八年每一年成長九％以上，中國因此成為世界第二大經濟體，以及全球數一數二的貿易國家。中國在二〇一八年全球製造業產值占了二八％（二〇二〇年的比例稍有下降）。中國是世界第一大出口國（以產值而言），也是第二大外商直接投資（foreign direct investment）接受國。中國是頂尖跨國集團的主要供應者，產業從紡織品到高科技都有。雖然大多數中國製造的商品是掛著外國品牌出口，但華為與聯想等中國公司，在西方也是家喻戶曉。

中國從一座自給自足、反商業的堡壘，轉變為全球市場要角，此間過程堪稱當代一大謎團。無論在消費性製造業或國際貿易方面都經驗不足的這個封閉經濟體，是如何成為全球生產領域的主角？

許多國家努力發展強大的工業經濟，要在全球規模與他國競爭。成功者有之，但失敗者眾。中國作為生產與出口國，崛起的速度與廣度無人能望其項背（恐怕只有二戰後的日本差可比擬）。與中國最相似的那些國家，亦即從共產主義轉型為資本主義的國家，往往拚命堅守過往在共產體制下本有的產業，大規模打入全球市場的情況相當罕見。中國的成功，大部分功勞無疑屬於中國人民。他們勤奮苦幹，彷彿不知疲倦，只為打造更美好的未來。可是，勤奮的人民到處都有，他們付出的心血卻經常落空，美好的未來從未出現。

中國何以與眾不同

中國與其他國家的一個不同之處在於北京的政策途徑（policy approach）。自從主張經濟改革的鄧小平在一九七八年掌權起，中國便朝實驗性的發展模式前進，容許新形態經濟活動在既有制度不變的情況下成長。北京並未採用「休克療法」，沒有一口氣賣掉國有企業，而是根據國有企業的績效與潛力決定其命運，也就是著名的「抓大放小」原則，藉此強化成功的企業，淘汰無法成功的企業。採取實驗主義——其精神可用一句六字口號「摸著石頭過河」概括——使中國得以嘗試新形態的經濟活動，而毋須大規模推行。經濟特區（special economic zones, SEZ）尤其是一項成功的實驗，中國領導人以此為基礎，擴大實施，成效頗豐。

但要推行出口導向的工業化，光有良好政策與勤奮的勞動力還不夠，還要有公司能夠生產出別國消費者願意買、價格也能接受的商品。沒有消費者，縱使有全世界最優秀的生產方法，製造出來的也只有失望。中國開始推動出口時，資本存量（stock of capital）很少；就技術水準而言，中國雖然在某些重工業產業（例如軍備）相當亮眼，但在輕工業方面極為糟糕。四十年來，中國忽視消費品，懲罰、棄用有過市場導向企業管理經驗的人，把企業家打成賤民。那麼，中國是從哪裡獲得因應需求（而非中央計畫經濟原則）生產商品的知識？中國公司如何學習滿足品質與服務的方法？中國製造業又是如何打入外國市場？

「外資」是上述問題的答案——但不是所有外資。許多投資中國的外國公司，很快就發現自己被困在與國有企業的合資項目中動彈不得，後者的商業傳統積習難改。真正能夠改變中國國有企業的經營習慣，將中國的工廠與國際市場銜接的投資者，是那些真正進入中國、親身創立公司的投資者。其中去得最早、分布範圍最廣、數量最多、影響力最大的，是來自臺灣與香港的投資人，亦即「臺商」與「港商」。兩位對於海峽兩岸經濟關係時有敏銳觀察的臺灣學者陳明祺與陶儀芬曾評論道：「在這場巨大的變遷過程中，臺商作為中國最主要的出口製造業外資來源，遂扮演著該發展模式成長茁壯的幕後功臣。」[1]

臺商帶給中國的還不只是錢。他們帶來的現代商業手法，中國商界中人單憑己力恐怕得耗數十年才能發展出來；他們也居中牽線，將中國的地方、勞工、（最後是）公司行號介紹給外國生意夥伴，而跟外商簽訂製造合約則使中國出口成長突飛猛進。借用邢幼田的說法就是，「臺商成功提升了生產力，並且將管理方面的技術性知識與資本主義重視效能的價值傳遞給中國，從而為中國本土鋪設了一條通往世界市場的捷徑。」[2]

這個過程始於一九八〇年代中期，起初規模不大，進入一九九〇年代之後倏地加速。貿易穩定上升，投資益發多變（至少就臺灣政府收到的報告而言），但整體態勢相當清楚：貿易與投資在這數十年間成長迅速。根據臺灣政府統計，一九九〇年代的成長率最快，投資年均成長率為一四六％，貿易年增三四％，但這些數字是從趨近於零的基礎開始。儘管貿易與投資在二〇〇八年與二〇〇九年一度因全球金融危機而驟跌，但二〇〇一至二〇一三年的年均貿易成長率仍達二四％，投資成長率則是一九％。年復一年的疊加累積，結果就是實際數字顯示二〇〇一至二〇一〇年之間成長幅度巨大。

本書的核心主張即是：如果沒有臺商，你我今日所知的中國經濟就不會存在。如此大膽的斷言，理應有充分的證明。偏偏某些根本的問題——中國有多少臺商？這些「關鍵外國投資者」實際上究竟投資了多少？——要回答起來卻意外困難。

到底有多少臺灣人正在中國經商、居住、就業或讀書？誰都說不準。最常見的估計是一百萬人，但這只是圖個方便的概估，而非實算數字。嚴謹的學者承認這個問題不可能有確切答案，有些密切關注人口資料的學者則認為「一百萬」其實低估了。二〇一四年，臺灣人往中國的直航趟次大約為三百五十萬，另有兩百萬趟次是往香港。（舉個例子作為對照，同年臺灣人往日本的直航趟次是三百萬，往美國則接近五十萬。）但算出「趟次」，其實無法告訴我們有多少個不同的人出行。許多臺灣人是定期往返，有些人是短期旅遊，還有些人是去了然後長住下來。因此，即使我們知道某一天有多少臺灣人身在中國，也無法得知實際在當地生活的臺灣人有多少，畢竟其中許多只是短期旅客。此外，久居中國者不只投資人（臺商），還有他們的親屬、專業主管和職員（俗稱「臺幹」），以及學生（臺生）。臺生人數持續增加：根據中國政府資料，二〇一九年有超過兩萬名臺生在中國高教求學。

要判定臺灣人住在中國的人數，已是項艱鉅挑戰，而要掌握歷來臺灣人在中國投資的金額，難度可能更高。當然，臺灣與中國政府都會記錄資金的流入與流出，但雙方的數字差異甚大，而兩邊政府皆坦承自家數字並不精確。主因在於，臺灣投資中國的資金裡，規模未知但很可觀的一部分，是透過地下管道（back channels）、第三方與空殼公司注入的。起先臺商之所以間接注資，是因為想規避臺灣政府施加的種種限制，但臺灣放鬆管制後，臺企仍持續間接投資。（建立一個離岸匯兌管道所費不貲，所以管道一旦建成，理應大家都會使用這個管道，但間接投資亦有其稅賦與隱私方面的好處。）學界公布的總金額估計數字，是針對從檯面下祕密進入中國的臺灣資金進行有根據的猜測而來，然而真實總額我們不可能知道。不過，即使我們假定下方圖表上的數字低於實際數字，但圖表上呈現的趨勢（包括貿易額與投資額在本世紀頭十五年急速上升）是準確的。

好像嫌這些數字估計帶來的挑戰還不夠，還有另一個更難解決的問題：為瞭解臺灣在中國的投資有多少，我們還得搞清楚何謂「臺灣的」。

「臺方投資」最直截了當的定義是「由在臺登記公司所投入的資金」。偏偏在臺登記公司匯到中國的錢，有很多在兩岸都沒有提報，因此單憑前述定義，仍無法精準估算總額。在臺登記公司有一種規避投資限制的方式，就是成立境外空殼公司。早年，香港是間接投資的熱門中繼點，但臺灣人不久就把更遙遠的避稅天堂——英屬維京群島（British Virgins Islands, BVI）、開曼群島（Cayman Islands）、巴拿馬——加進資金流通路線。臺灣人此舉影響很大：二〇一〇年，英屬維京群島是境外投資中國經濟的第二大來源（僅次於香港）。根據臺海兩岸專家估計，二〇〇〇年代中期，中國得自英屬維京群島、開曼群島與巴拿馬的投資額中，有七〇至八〇％源於臺灣。（剩餘的兩到三成，有部分來自中國投資者匯往國外「繞道返程」〔round trip〕的錢：匯往加勒比海，再以可獲得優惠待遇的外國資金形式回流中國。）香港對中國投資中源於臺灣的比例更難估計，但也很可觀。

即使我們能回溯投資中每一塊來自在臺登記公司的錢，也還是無法徹底看清楚臺灣對中國投資的全貌。許多臺灣企業是跨國公司，將事業單位登記在多個國家。例如臺灣一流的電子裝置製造商鴻海／富士康，事業單位就遍及新加坡、馬來西亞、印度、美國等諸多

總貿易額與已實現投資（按年度）

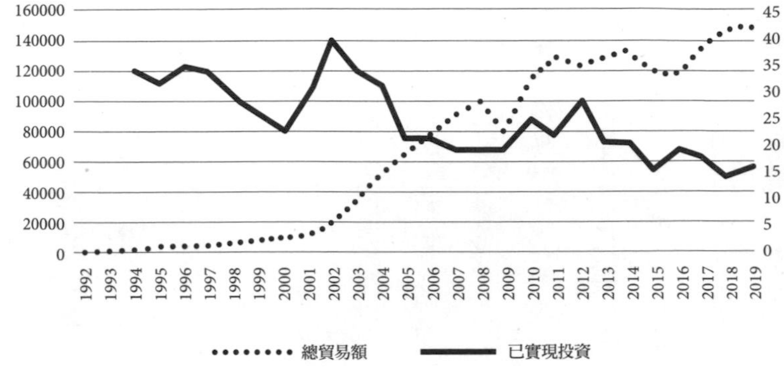

貿易資料來源："Cross-Strait Economic Statistics Monthly," Mainland Affairs Council, accessed August 26, 2020, https://www.mac.gov.tw/News_Content.aspx?n=2C28D363038C300F&sms=231F60B3498BBB19&s=042EB117967ABAE7.
投資資料來源："Approved Mainland China Investment," Statistical Yearbook of the Republic of China, accessed August 26, 2020, https://www.dgbas.gov.tw/public/data/dgbas03/bs2/yearbook_eng/y048.pdf.

國家。無獨有偶，臺灣食品加工大廠旺旺，現在身分是一間子公司，母公司為登記於開曼群島的控股有限公司——由旺旺自己成立。臺灣另一大食品業巨頭是味全。味全的母公司是臺商在中國成立的康師傅，康師傅則在香港上市。考慮到這些複雜的所有權結構，我們要如何確認一間公司是不是臺灣公司？中芯恐怕是最棘手的案例：在中國創辦這家公司的人，是一位曾在德州儀器（Texas Instruments）與臺灣半導體先驅台積電工作過的臺裔美籍工程師。雖然在中國註冊，但中芯的創辦人、高階主管與技術都跟臺灣有淵源，臺灣人自然認為這家公司起碼部分算是臺商企業。

特定公司是否「算是」臺灣企業，端視估算的人是誰。臺灣與中國政府都很關注資金流向，無論是流出臺灣的，還是流入中國的。而中國地方官員則是比較關心公司的所有者是誰，比較不在乎公司登記或上市地點。只要老闆是臺灣人，不管公司正式登記地點在哪裡，都算臺企。有位中國地方官員曾這樣跟我說：他們會「調查」公司，找出它們「究竟」來自何方。臺商企業備受重視，因為它們對中國地方發展帶來的利益甚鉅，而且比其他跨國公司更能輕鬆與地方整合。臺企讓地方經濟有起色，連帶幫助地方官員平步青雲。出於上述這些因素，本書將採用與中國地方官員相同的方式來定義臺資企業：但凡在臺灣成立，或是由出生在臺灣島上的人所控制的公司，都算臺企。

根據臺灣政府二〇一六年初的數字，在中國經營的臺企超過七萬家，已註冊投資（registered investment）超過一千五百億美元。這是一個龐大的數字，而且實際金額幾乎可以斷言一定更高。這七萬家臺企僱用了數百萬名中國勞工。光是富士康就僱用了一百三十萬人，從而成為中國最大的私人雇主。但這些數字只是故事的局部。臺商影響最為深遠的貢獻中，有許多難以量化之處。我們如何替「打入全球供應鏈」打上標價？想學到企業如何優良管理以滿足Nike或Apple等公司的品質標準，得付出多少學費？鄧麗君的歌聲將中國人從文化大革命的惡夢中喚醒，呼喚他們踏入她的浪漫美聲世界——她歌聲的價值該如何衡量？一個曾將古老宗教傳統盡數抹去的社會，如果要復興這些傳統，得付出什麼代價？臺灣人對中國在後毛澤東時代的復甦有不少無價的珍貴貢獻，上面提到的不過是其中一部分，本書將深入探討。

1 陳明祺與陶儀芬，〈全球資本主義、臺商與中國經濟發展〉，收入於田弘茂、黃偉峰主編，《臺商與中國經濟發展》（臺北：國策院文教基金會，二〇〇二），頁五一—六五，引文見頁五二。

2 Hsing You-tien, *Making Capitalism in China: The Taiwan Connection* (Oxford: Oxford University Press, 1998), 10.

第二章

臺灣「經濟奇蹟」

動畫電影《玩具總動員》（*Toy Story*）有一幕，巴斯光年（Buzz Lightyear）發現自己手臂上印著「Made in Taiwan」的字樣，一時瞠目結舌。這行字，代表他的勁敵牛仔胡迪（Woody）沒有說謊：巴斯光年只是一個量產玩具，不是真正的太空人。對於觀影的成年人來說，「Made in Taiwan」字樣是個笑點，以令人發噱的方式致敬他們的童年：當年，「Made in Taiwan」就是廉價消費商品、尤其是塑膠玩具的同義詞。

進電影院看《玩具總動員》的小孩可能多半不懂這個笑點。孩子們的玩具櫃裡，如果還有臺灣製造的玩具，應該也只剩少少幾個。因為，這部電影在一九九五年上映，當時的塑膠玩具生產早已幾乎完全轉往中國。對今天的孩子來說，「Made in China」扮演著「Made in Taiwan」曾在他們父母心中扮演的角色——再往上一代，則是由「Made in Japan」擔綱。

臺灣從閉塞的農業區搖身變成製造業火車頭，成就大到使「Made in Taiwan」成為一個畫龍點睛的哏（punchline），這段過程堪稱是二十世紀最迷人的經濟發展故事之一。本書的主題是一個比之更加引人入勝的故事：臺灣是如何在天時地利交會下，推動中華人民共和國崛起成為「世界工廠」。為瞭解臺灣如何協助中國起飛，我們必須先瞭解臺灣的經濟路途。

臺灣作為出口者的歷史相當悠久，其間伴隨諸多奇妙的反轉曲折。這座面積一萬四千平方英里的島嶼跨越北回歸線，地處亞熱帶賦予島嶼較長的生長季與豐富降雨。同時，島嶼的地形（包括標高超過一萬三千英尺的高峰）得天獨厚，坐擁極為多樣的氣候與地質條件。西部以遼闊的平原為主，中有高聳的中央山脈，向東則可見一道狹長的谷地——人類聚落就以這樣的地理環境為生存基底，層層堆疊起來，而每一層都貢獻了自己的文化與經濟色彩。

臺灣翠綠的風貌最早在一萬五千年前吸引到第一批人類居民，今日臺灣原住民族祖先從那時就開始定居島上。這些南島語族住民是臺灣最早的出口者，供應鹿皮、鹿角與鹿肉給來自中國、日本與荷蘭的商人。

明朝年間（一三六八至一六四四年），往返於日本與南中國海之間的走私者、漁民與海盜，把臺灣當成避難藏身之地。他們的出現，為臺灣帶來有別於原住民的第二層人類活動，但兩者並非涇渭分明。一六二四年，荷蘭海軍在臺灣南部、今日臺南一地建立軍事據點。除了與原住民鄰居貿易之外，荷蘭人亦興建若干防禦工事，保護從中國沿海渡海而來、人口漸增的農民。荷蘭人鼓勵農民從中國移居臺灣，在島上生產可供出口的米、糖。兩年後，西班牙人也在臺灣北部建立自己的要塞；此後將近二十年，荷蘭人與西班牙人在島上同時經營據點。

歐洲人招募漢人前來拓墾的努力，因為恰逢隔著海峽與臺灣相距一百英里的中國日子並不好過而大有進展。一六二〇年代，位於臺灣正對岸的中國省分福建遭逢饑荒。為了舒緩壓力，海上霸主鄭芝龍建議福建巡撫提供財務誘因，讓農民願意遷往臺灣。臺灣人口的漢人光譜愈來愈寬。

鄭芝龍以臺灣為基地，經營龐大（但違法）的運輸與貿易事業。荷蘭人運用自己的軍力優勢將鄭芝龍逐出臺灣島後，他於是帶著艦隊投靠明朝水師。接受招安之後，他獲命為「海防遊擊」。鄭芝龍之子鄭成功繼承家業，也受封榮銜。百姓尊稱他「國姓爺」，歐洲人則稱他「Koxinga」，這也成為西方史書中對鄭成功的稱呼。

一六四四年，清軍入關推翻明朝，鄭家人立場分裂：鄭芝龍歸順滿人，他的兒子則忠於大明。鄭成功試圖扭轉歷史大勢，推翻滿人剛建立的清朝，不果。但他阻止大清拿下臺灣，甚至在一六六一年驅逐島上的荷蘭人。鄭成功及其子孫統治臺灣的二十年間，不僅擴大了農耕範圍，也引進中國的上層文化，包括儒家教育。一六八三年，鄭家軍敗給施琅領軍的清兵。這是歷史上，臺灣第一次受立都於中國的政權統治。

就臺灣政治史與經濟史而言，清領時期是一個耐人尋味的時代。一方面，臺灣的地位低得不能再低；直到一八八五年，臺灣都是福建省轄下的一個府，清朝官員往往認為到臺灣當官是全帝國最糟糕的去處。臺灣原住民各族雜居，許多人生活在國家機構的掌控範圍外，至於漢人農民則已習慣了最低限度的治理與艱困的處境。無論是原住民或漢人，都不容易治理；清代俗諺有云：臺灣「三年一小亂，五年一大亂」。

借臺灣史學者吳叡人的話來說，清朝對臺灣的管理是「提防」、「間接」而「不徹底」的。[1]清廷試圖限制人口移入臺灣，但福建與日俱增的人口壓力使其努力白費，臺灣人口持續成長。將貿易限制在海峽兩岸各一個口岸的做法，也同樣不成功。帝國只能盡力平亂。

島民固然難馭，但島上經濟在清領時期卻有繁榮發展。在墾戶集資修築水利，中臺灣大片區域因而獲得灌溉的刺激下，遼闊的荒地加速被開墾為耕地。灌溉水不虞匱乏的農地漸增，耕地的農民也愈來愈多，臺灣隨之成為中國米、糖、茶葉、藍染布、漁獲與木材的重要供應來源。由於島嶼地形使然，臺灣西岸人口重鎮之間的連繫薄弱。渡海前往中國，往往比在島上南北移動更安全、更容易。

到了十九世紀，島內貿易與運輸日益重要。西方列強在鴉片戰爭中擊敗清朝，迫使清廷締約開港通商，其中就有臺灣的口岸。條約口岸體系讓西方商人、官員與傳教士得以立足臺灣。臺灣躲過了清帝國衰亡期間最慘痛的幾場悲劇，包括慘烈的太平天國起事——中國主要糧產地飽受肆虐，華中地區死者高達千萬；但當清廷在一八九四至一八九五年的清日戰爭大禍中落敗，臺灣仍受到大清頹勢牽連，命運就此改頭換面。

清日戰爭的主戰場在朝鮮半島，但日本對清廷提出的要求卻有割讓臺灣一項。清廷同意讓與臺灣島，臺灣於是在一八九五年併入日本帝國。接下來五十年，臺灣與中國走上不同的道路。雖然二戰後留在島上的日本人少之又少，但五十年來的日本統治，對臺灣的社會、文化與經濟已產生深遠影響。於是，日治時代成為臺灣人文發展的另一層獨特風貌。

一八九五至一九四五年，當臺灣的注意力轉向北方的日本本土，此時的中國則承受著一連串的災難，許多人因此立志打造強大的現代國家。中國在一八九五至一九四五年間，經歷了起義革命、政權更迭、內戰與外敵入侵，現代中國民族主義在患難中鑄造成型，但在日本殖民地臺灣，這些事情只激起寥寥回響。而臺灣與中國在日本殖民期間形成的這段心理距離，其影響持續了相當久。對中國居民而言，二十世紀初是一段奮鬥掙扎時期，嶄新的現代中華民族便於此時誕生；那段奮鬥掙扎，是中國當今自我形象的核心。大陸上的中國人很難理解臺灣人何以對這段歷史無動於衷，但對臺灣人來說，那些事情發生在很久以前，而且是發生在某個當時感覺很遙遠的國度。

至於臺灣，異國的殖民雄心再度刺激了經濟發展。臺灣的新統治者堅定支持現代化，他們將灌注於自己家鄉土地的熱情，同等灌注到各個殖民地。事實上對於日本明治政府而言，展現它身為殖民者的效率，無論就國防還是意識形態而言，都是戰略上不可或缺的一環。明治政府高層深信，贏得西方尊敬的最佳途徑，就是採用西方經濟、政治與軍事手段，包括對殖民地的經濟剝削。他們計劃將臺灣建設為模範殖民地，一旦成功，就能證明日本文明之優越。

「殖民化」（colonization）是貶低，也是限制；臺灣人因此在自己的島嶼上淪為次等公民（雖然他們過去也是滿人大清國的臣民，而非公民）。日本人給予臺灣人的政治參與空間並不大。他們粉碎了一八九五年臺灣人試圖爭取西方奧援，建立臺灣民主國的行動，並在五十年統治期間強力鎮壓政治異議分子。殖民政府甚至並不鼓勵臺灣人接受、從事非技術性的教育與職業。隨著二戰逐漸逼近，東京當局迫使臺灣人捨棄許多中國習俗與中國認同（Chinese identity），最終徵召成千上萬的臺灣人拿起武器，為擴張中的日本帝國而戰。

殖民化固然阻礙了臺灣的政治發展，對島上的經濟卻是一大助力。日本讓臺灣改頭換面成為模範殖民地的努力，著重在經濟發展，最先從農業著手。得力於日方主導改善基礎建設與農產加工業，臺灣因而能在二十世紀上半葉出口大量米、糖、樟腦與水果到日本。基礎建設投資項目包括臺灣兩大城市的詳盡都市計畫，以及史上第一條能有效連繫南北的鐵路。日本人還修築公路，架設電報系統，興建發電廠與電網，此外更擴大從清代開始的灌溉與治水工程。一九〇八年啟用的淨水廠，足以為臺北的十二萬居民提供飲用水，對斯時斯地而言可謂非凡成就。

殖民政府也投資人力資本，做法包括健全公共衛生領域，不到十年便大幅降低霍亂、天花等致死傳染病的發病數。政府當局在臺北成立醫學院，並在島上廣設醫院與診所。教育也是優先項目：截至一九四〇年代，臺灣成年人將近六成識字（日語），四分之三的孩童上學受教。公立學校以日文為教育語言，重視現代學科，但許多臺灣家庭在家中輔以傳統漢學教育。不過，殖民政府雖然認為臺灣人是日本天皇的子民，但不算是徹底的日本人。

隨著二戰將至，政府推動以同化臺灣人為目標的政策，提升臺灣人對帝國的忠誠。

迫在眉睫的戰爭，也帶來新的經濟契機。二十世紀初，臺灣已發展出農產加工業，但製造商很快就擴大業務範圍，投入價值更高的工業。日本資本（國有或私人）掌控工業領域，但在日資企業就業的臺灣人學到技術也賺得資本，有能力開設自己的公司。日本在一九三一年入侵中國，對工業產品需求因此日增，臺灣的製造商於是提高產能，以滿足需求。到了一九四〇年，臺灣重工業與消費性製造業持續且同時供應日本與臺灣市場。一九四〇年代中期，由自給自足式農業（subsistence agriculture）與日用品貿易組成的經濟體系已然成熟，不僅廣泛運用科學農法，工業生產也愈來愈普及。

臺灣的「日本化」在一九四五年戛然而止。日本政府宣布無條件投降，包括放棄所有征服得來的領土，臺灣亦在其中。各同盟國政府認為中華民國為清朝（一九一一年滅亡）的繼承國。一九四三年的開羅會議上，小羅斯福與邱吉爾同意日本所占領的特定領土，包括臺灣，應於戰後交給中華民國，兩人也在幾份促令停戰的協議中提到上述承諾。因此，日軍與日本平民一離開臺灣島，來自中國的軍人與行政官員便取代了他們的位置。他們代表的政府名義上雖是民主政府，實則採行威權統治路線，由蔣介石擔任主席的中國國民黨一黨專政。

臺灣從日本統治往中華民國統治過渡的過程並不順利。許多臺灣人期盼結束日本殖民統治，但出現在島上的中華民國部隊卻讓他們感到不安。登陸臺灣的國軍是一群衣衫襤褸之人；許多人是從中國鄉間被徵召入伍，不僅營養不良，裝備也難以應付現代戰爭所需。臺灣人已習慣日本皇軍的光鮮亮麗，看到從運兵船登岸的士兵蓬頭垢面、帶著紙傘與炊具，不禁駭然。謠言四起，說大陸來的士兵偷了腳踏車卻不知道怎麼騎，甚至把水龍頭往牆上一插，以為這樣就會有水流出來。

或許不少臺灣人對於插旗島上的中國政府感到失望，但從國民政府的角度來看，如果派最精銳部隊到臺灣，才是不可原諒的錯誤。對中央政府而言，臺灣只是插曲——是個必須納入控制範圍的邊陲之地，但不用期待能對抗敵有多少幫助。國軍的精銳必須為更重要的任務保留實力：保衛中華民國，阻止共產黨奪權。

日本在一九四五年投降時，中國已飽受侵略摧殘，並深受內部歧異所苦。大多數國家承認國民黨主政的中華民國為中國合法政府，但中國共產黨對中國的未來卻有迥然相異的願景。這些勢力與意識形態的相爭，反映出數十年來對於中華民族危機解方的不同追尋

——數百萬中國人為此獻出了自己的生命。對臺灣人來說，那些鬥爭不僅遙遠，而且幾乎沒有切身關係。日本投降推著他們回歸中國人的民族國家，但他們並沒有準備好要歸屬於自己即將被納入的中國。

中華民國高層意識到臺灣與大陸之間模糊不清的關係。國民政府以懷疑眼光看待臺灣人，畢竟臺灣人曾為不久前占領、掠奪中國的日本帝國而戰，甚至戰死。他們也認為臺灣是個不重要的地方，覺得臺灣的存在是為了中國本部而服務。臺灣重回中國控制，也就是「光復」的四年間，中華民國認為臺灣及臺灣人民都是不急之務。

臺灣人期待政府做得更多。臺灣經濟在戰爭期間受到各種破壞，包括美軍轟炸機以臺灣相當先進的基礎設施為攻擊目標。戰後糧食與其他物品短缺，失業率急速竄升，臺灣人迫切需要政府協助，但大陸經濟比臺灣的情況還更糟糕。國民黨指派的行政長官並沒有保護臺灣，反而積極促成海峽兩岸的經濟整合，肆虐大陸經濟的惡性通貨膨脹因此迅速蔓延到臺灣。一九四八年，通貨膨脹飆破百分之一千；一九四九年上半年，通貨膨脹突破百分之三千。國民黨政府高層把臺灣的經濟資產視為國家資源，可以拿來重新部署到大陸，也讓情況雪上加霜。甚至有整座工廠遭到拆解、在大陸重建的情形發生。到了一九四五年底，臺灣工業產量已縮水到戰前峰值的三分之一。

貪腐也從大陸蔓延到臺灣。中華民國官員收受賄賂，劫收財產。不出幾個月，臺灣人已開始表露對日人執法的懷念之情；在他們記憶中，日人執法雖嚴，但公平而可預測。「狗去豬來」成為人們掛在嘴邊的話。

一邊是臺灣本地人，另一邊則是初來乍到的軍人、官員及其眷屬，雙方的緊繃在一九四七年初達到顛峰。二月二十七日，查緝員在臺北以違反菸品公賣法為由，逮捕女菸販時打傷了對方。群眾聚集要保護該女子時，一名查緝員開槍打死了一名路人。民眾的抗議延續到二月二十八日；這一天的另一場槍擊，點燃了全島各地一連串反抗怒火。臺灣人攻擊警察局、軍事基地與公家機關。許多官員逃跑，臺灣民眾在幾天內幾乎控制全島。

臺人菁英與中華民國官員合作，試圖透過協商結束危機，但政府很快便失去耐心。國民黨先前雖無計畫要軍事占領臺灣，但不代表他們不會在必要時派兵；於是在三月初，國軍部隊在臺灣南北登陸。他們立刻啟用致命武力，彈壓民眾。三月十日，行政長官中止與地方仕紳協商，開始圍捕異議分子與臺人菁英，許多人當場遭到殺害，或是因莫須有的指控而遭處死。至少有一萬臺灣人在史稱「二二八事件」的一連串衝突中喪生。

中華民國有能力在臺灣鎮壓抵抗統治的人，卻無法擊敗強大得多的對手：中國共產黨。共產黨的魅力有諸多面向，但他們最重要的其中一項優勢，在於經濟方面。國民黨政府控制的範圍，已經歷數十年的經濟混亂。雖然有土地改革與其他形式的紓困，但權貴階層決心守護自己的特權，改革也在反對下失敗；相較之下，共產黨不在乎地方大人物在政治上是否支持自己，反而能推行受民眾歡迎的經濟措施。一九四八與一九四九年，共軍接連擊退國軍，國民黨手裡最後只剩臺灣與幾座外島。十月一日，毛澤東在北京宣布中華人民共和國成立。兩個月後，包括蔣介石本人在內的中華民國政府殘部撤退到臺灣。新來的這一百二十萬人（所謂的「大陸人」或「四九年過來的人」〔'49ers〕），為臺灣移民史又添新的一層。[2]

中華民國失守大陸，劇烈改變了臺灣的地位。這座島幾乎是一夜之間，從一段插曲變成中華民國政府的避難所。蔣介石就像三個世紀前的鄭成功一樣，誓言戰鬥到底，反攻大陸，恢復他認為的中國合法政府：中華民國。他還有一點跟鄭成功一樣，即以臺灣為反攻基地。

臺灣突然變成中華民國僅剩的領土，國民黨要從這座堡壘扭轉其厄運，臺灣生活與社會的每一個環節都受此牽連，包括經濟。一度又小又邊緣的臺灣，如今變得又大又重要。中華民國政府迅速體認到必須將臺灣經濟建設到足以支撐其大業，同時匡正導致當年在大陸失敗的錯誤。這並不是說國民黨對臺灣謙遜以待；正好相反，國民黨決心將這座島打造成中國民族主義堡壘，從這裡反攻收復大陸。為實現使命，國民黨揭櫫四大要務：政治順從、民族熱情、經濟發展與軍事力量。

國民黨政府的政治戰略，是其經濟計畫的基礎。國家制度表面上民主（納入具競爭性、定期舉辦的地方選舉——這確實是民主，只是範圍有限），實則威權。政權為國民黨把持，異議人士每每遭到整肅迫害。國家官僚機構負責的對象是總統與黨，而非社會上為維護自身利益而戰的選民們。

國民黨領導階層的主要目標，是避免在經濟計畫與政策上重蹈當年削弱國府之覆轍。蔣介石在一九五〇年的一場演講中，痛陳其政府會敗給共產黨，就是因為忽略了「民生」，也就是國父孫中山為新生中華民國所樹立的三大原則之一。他說，必須以民生主義為黨前進之基礎。與此同時，國民黨官員發現，對於實踐他們改良後的新發展計畫而言，臺灣是塊意料之外的寶地。

臺灣在進入戰後時期前，已有迅速發展經濟的底子。臺灣有基礎的交通與通訊建設、受過良好教育的勞動力、基礎工業，以及發展成熟的手工業與貿易文化。臺灣也有出口農產與自然資源的悠久歷史。

然而，這些戰前基礎尚不足以完全解釋臺灣後來的經濟成就。日人在一九四五年撤離臺灣，他們留下來的這座島嶼，經濟前景在許多方面都不及其他甫去殖民化的地方——例如臺灣南邊的鄰國菲律賓，一九五〇年菲律賓的人均GDP比臺灣高四〇%。

那麼，臺灣是如何迅速爬上發展階梯的？為什麼臺灣能達到已開發國家的生活水準，同時間菲律賓、印尼、馬來西亞、泰國、中國與其他東亞國家的經濟卻還在掙扎著前進？臺灣經濟奇蹟背後有什麼魔法？點石成金的祕密，在於兩種材料近乎完美的比例：一是由高度網絡化的小型家庭企業所構成的生態系，二是政府以從旁協助、促進發展為宗旨，精心打造出讓這些企業得以茁壯的環境。臺灣的中小企業是第三章的主題。本章要深入探討的，則是讓中小企業得以繁榮發展的制度框架。

丟掉大陸，對中華民國來說是一記沉重打擊。它就此失去故土，失去將近四十年來它所繼承的民族國家。忠於中華民國的人四散各地：超過百萬人來到臺灣；數以千計的人前往香港、東南亞與西方；數以百萬計的人則留在了新成立的中華人民共和國。以新家園臺灣為重建的基礎，似乎相當風雨飄搖。屋漏偏逢連夜雨，美國高層認定這個政權注定完蛋，於是收回對它的支援。

後來到了一九五〇年六月二十五日，風雲突變：金日成領導下的北韓入侵南韓。美國最大的夢魘——共產勢力擴張進入脆弱的東北亞國家——即將成真。美國總統杜魯門一聲令下，美國對中華民國政策倏地轉彎。美國放棄了「撒手不管」的做法，轉而直接提供政治、軍事與經濟援助，幫助中華民國抵禦中國共產黨。臺灣加上日本與南韓，此時在美國圍堵共產主義的作戰中，成為第一線的國家。

最立即的支援化身為美國第七艦隊，在韓戰爆發兩日後駛入臺灣海峽，粉碎了中共入侵臺灣的任何可能性。華盛頓當局在一九五一年深化承諾，成立軍事顧問團（Military Assistance Advisory Group），開始提供中華民國軍事援助。一九五四年，美國與中華民國簽署《共同防禦條約》，正式確立盟友關係。

除了軍事協防，美國對中華民國政治與經濟上的存續也給予很大幫助。美國鼎力支持以臺北為總部的「中國」政府，確保中華人民共和國無法在國際組織中取代中華民國，其中包括聯合國——臺灣政府因此得以在聯合國中代表中國，名列安全理事會常任理事國，直到一九七一年為止。美國也協助重建臺灣經濟，屢屢將各式資源與成功經驗，從軍事占領下與結束占領後的日本轉移到臺灣。美國國際開發總署（US Agency for International Development）提供資金與顧問，中國農村復興聯合委員會（Joint Commission on Rural Reconstruction）則擔負居中協調的地方媒介角色，將美國專業技術與經費導入臺灣農業改革。一九六一年，臺灣的經濟大員尹仲容，形容一九五〇年代初期的美援為「給垂死病人的一劑強心針」。[3]

美國的干預有時似乎相當強硬，不過中華民國高層（多半）樂於接受。他們太清楚自己處境有多危險；他們知道，當年未能成功掃除既得利益勢力與實施必要的改革，導致在大陸的問題愈益嚴重。高棣民（Thomas Gold）在其研究臺灣發展的經典之作《臺灣奇蹟：從國家與社會的角度觀察》（*State and Society in the Taiwan Miracle*）指出，華盛頓與臺北保持一種「辯證關係，而關係之所以能成功，是因為中華民國政府方面有足夠多人（在大元帥〔蔣介石〕支持下）清楚意識到改革之迫切，願意投入，而美方也提供推動改革所必要的資金，有時還會提供藉口」。[4]

改革國家政策之前，國民黨必須先自我改革。從失敗的土地改革到放任通貨膨脹，黨高層承認了諸般導致當年在大陸敗北的錯誤。他們痛定思痛，希望避免類似錯誤再度發生。從一九五〇至一九五二年，國民黨以「中央改造委員會」取代「中央執行委員會」，展現徹底改革人員、紀律、意識形態與政策的決心。遷臺的國民黨員多具備愛國情操（高棣民指出，選擇逃到這座島上的國民黨投機分子並不多），這點對推進改革步調頗有幫助。

國民黨懷著兩個脣齒相依的目標進入改革時期：強化臺灣，並且將之打造為光復大陸的跳板。國民黨認為光復大陸是他們的神聖使命與命運，也是政權正當性的來源，同時黨的高層也瞭解到，發展臺灣是達成目標不可或缺的一步。若要臺灣扮演好它被指定的角色，就需要經濟與政治兩方面的成果。

一九四七年二二八事件的鎮壓，或許抑制住臺灣人對國民黨統治的積極抵抗，卻也讓地方社會對中華民國政府、國民黨與四九年來的外省少數族群充滿恐懼與敵意。要支撐「光復大陸」這等浩大計畫，「民心背離」實在稱不上良好基礎。因此，即使真正的民主來日尚久（直到一九八六年，臺灣才成立第一個反對黨，至於島上的第一次總統直選，還要再等十年才舉行），但國民黨還是運用經濟政策與有限的地方自治，讓數百萬臺灣人從勉強服從轉而積極支持。

數百萬人的心被打動，始於一場雄心勃勃、影響深遠的土地改革。當年在大陸時，國民黨高層深知必須改善無土地農民的慘況，但政治阻力妨礙了他們對土地改革的嘗試。臺灣的政治環境則完全不同。臺灣地主在國民黨內絲毫沒有人脈關係或制衡能力。二二八事件期間，鄉紳面臨殘酷鎮壓，如此創傷也確保了他們在政治上的順從。上述經歷加上國民黨政權樂意鎮壓各種反對，幾無地主階級干預土地改革計畫的風險存在。

臺灣的土地改革計畫，不是簡單的徵收與再分配。地主可以得到補償，而農民必須付款購地，不過條件相當優惠。土地改革內容包括農業推廣、訓練與行銷協助，幫助農民提升農耕技術，以打入更高端的市場及生產更高價值的作物。具體來說，農會提供農民各式各樣的機會（從農產品的協調行銷、貸款到政治參與，不一而足），農民的收入、農事技術與信心因而提高。

第一階段的土地改革始於一九四九年，以公權力實施減租，從慣行的收穫量的五〇%減至三七．五%。光是這第一步，就讓大約三十萬農戶收入大增。同時，政府將公有耕地售予現耕佃農，地價為土地全年主要作物收穫量的二．五倍，分十年以實物償付。

下一階段的改革，是俗稱的「耕者有其田」改革。政府認為家庭農業（family farming）能提高農產量，因此要求出租土地的地主將大部分土地售予國家。地主得到國營事業債券與股份作為補償。（許多人賣掉這些資產，但持續持有的人隨著一九六〇與一九七〇年代臺灣經濟起飛而享受到極高報酬率。）佃戶與農工以三十年期低利貸款向政府購地。佃戶、農工變身為地主，自有土地的耕作率因此翻倍。農產量與生產效率如預期般飆升：即使有農民開始種植稻米以外的高利潤經濟作物，稻米產量依舊在十年內增加將近四〇％。

這場土地改革在多方面得益，不僅提升糧食產量與品質，降低生產成本，同時解放勞動力到工業領域。土地改革刺激技術升級，提高農村收入，縮小農民與其他職業之間的收入差距，打破地主對農村社會的掌控——這一切的達成，沒有殘忍暴行，也沒有打亂社會秩序，跟中華人民共和國以暴力徵收為基礎的毛版土地改革完全不一樣。土地改革幫助農民獲得未來邁入製造業經濟時，可以派上用場的技術與資本，並提升他們的社會地位。最後，土地改革如同國家對農民敞開一道大門，既賦予他們進入權利，也給予他們一個支持國民黨政權的理由。雖然國民黨當年以占領者之姿進入臺灣，但採取的經濟政策（從土地改革開始），為它贏得數百萬臺灣百姓的支持。

土地改革是臺灣經濟復甦與發展的關鍵第一步，但領導者遠大的長期計畫，還需要邁出更大的第二步才能達成，也就是工業化。

獲得中華民國政府授權做這類決定的政策制定者，並非政客，而是技術官僚——這些負責規劃的專業人才不僅有扎實的技術長才，更得到制定政策的充分自由。因為國民黨高層體認到當年在大陸，來自既得利益集團的政治壓力阻撓了重要改革，才導致國民黨政權的失敗，所以他們特別注意避免臺灣經濟政策制定者受到太多的政治干預。

尹仲容與李國鼎兩人是推動臺灣發展的核心人物，研究東亞發展的傑出學者傅高義（Ezra Vogel）稱他們是「超級技術官僚」。尹仲容與李國鼎一前一後，引領中華民國經濟政策，走過成就斐然的四十年。這兩位非凡的策畫者，都深獲中華民國大權在握的人，亦即蔣介石與其子（也是繼承人）蔣經國的信任。尹仲容與李國鼎在蔣氏父子羽翼下，在眾多經濟部會、局處委員會中培養大批人員，肩負復甦臺灣經濟的重責大任。

尹仲容與李國鼎出身類似。兩人都在大陸出生，隨中華民國政府遷臺時皆已成年。兩人都是科學家——尹仲容學電機，李國鼎讀物理——而非經濟學者（據說李國鼎完全沒有受過正規經濟學訓練）。他們的政策規畫明顯以經濟學研究為基礎，但兩人實事求是，認為結果比是否符合經濟學正統重要。兩人年輕時都曾在英語系國家生活，也都有在業界服務的經驗，這或許多少能解釋他們何以能制定出同時滿足製造業者、私人企業與國家需求的政策。尹仲容與李國鼎也是對自身任務有敏銳洞察力的觀察者，均發表過許多分析臺灣發展的論文與報告。此外兩人都擔任過各式各樣的政府職位，有時甚至同時擔當數職。

尹仲容打頭陣，帶領臺灣走過進口替代發展階段，從一九五〇年代初期直到他在一九六三年過世。尹仲容去世後，由李國鼎接下臺灣最高技術官僚的位子；他協助臺灣啟動出口導向發展階段，並引領這座島嶼踏入高科技時代。李國鼎在二〇〇一年以九十二歲高齡辭世，當時他仍在為政府服務，向陳水扁總統提供經濟建言。尹仲容與李國鼎投注於自己任務的奉獻精神與專業技能，少有經濟掌舵者能與之相提並論，而兩人工作的果實直到今日，在臺灣、乃至在中華人民共和國的經濟成就中皆清晰可見。

這些技術官僚的任務核心，在於將臺灣從農業經濟轉型為工業經濟，要達成如此轉變少不了資本、勞力與技術。土地改革的貢獻，即是促進了農業生產力的提升，使島上農民得以生產出高於他們生存所需的農產品。多出來的剩餘農產品使國家能養活因大陸難民而膨脹的都市人口，並且指派他們之中的許多人投入改善臺灣基礎建設的工作；眾多臺灣農村人口也因此可從農事中解放，投入二戰後恢復正常的工業發展。儘管剩餘農糧有一大部分是交到政府手中（大多數農民以稻米納稅，還有償還土地改革的購地費，而稅率是對國家有利），但臺灣農民的收入仍持續成長。農村收入的提升，也刺激了人們對新興工業正在生產的製造品的需求。

簡言之，土地改革推動的是個良性循環，消費需求勃興，生活水準提升，工業成長，基礎建設擴大。在初始階段，尹仲容與其他技術官僚著重在進口替代工業化政策（用本國工業產品替代進口產品，以實現工業化）。臺灣政府不讓臺灣民眾向國外製造業者購買所需，而是嚴格控制外匯，藉此限制進口。美元、德國馬克、英鎊與日圓多半只有投資在政府認為有利於長期成長的商品，例如工業設備時，才可以使用。同時，奢侈品的進口也嚴格受限——不過蔣介石還是有豪華寬敞的凱迪拉克轎車可以搭乘。

進口替代路線有許多政策工具可以使用。早在國共內戰結束前，中華民國政府就已成立「臺灣區生產事業管理委員會」（簡稱「生管會」），主管島上產業。生管會及其後繼單位「行政院經濟安定委員會」，在臺灣風雨飄搖之初扮演指導經濟路線的重要角色。一九五八年，臺灣政府評估最糟的時刻已過去，該委員會於是解散。

經濟安定委員會畫下句點，並不代表中華民國政府決定鬆手改走自由放任路線。國家依舊責成一大堆辦公單位與委員會實施進口替代戰略，干預經濟。但凡有企業想要投入消費者需求強勁的市場，都能以優渥條件獲得資金與信貸，加上租稅優惠、關稅制度與進口限制，新興工業得以避免與發展已久的外國公司做價格競爭。

為確保消費導向類型的企業能夠供貨無虞，政府會出手收購，甚至成立國營事業盡其所能提供支援，從塑膠原料到物流服務不一而足。從上游國營企業湧出的資源，往下流入製作成品的私人公司。公營與私營領域之間的協同關係，一方面培育出活躍又具競爭力的私營領域，另一方面也確保上游的瓶頸不會導致下游的枯竭。

在臺灣消費性製造業的成功故事中，有數千個公司是在進口替代時期成立，但也有少數是成立於日本殖民時期，例如臺灣最知名的消費性製造業巨擘：大同公司。二〇一八年，大同的綜合收益超過二十億美元，但這家公司的起步相當平凡。大同的前身是協志商會，由林尚志在一九一八年成立，是一家營造公司。日本殖民政府與協志締約興建重要政府建築物，例如今日臺灣政府多個部會所在的行政院院區。一九三九年，二戰正酣，協志商會成立鋼鐵廠「大同鐵工所」。戰後，大同鐵工所涉足電動馬達與電器領域，迅速穩坐本土家電品牌龍頭寶座。

比大同路線的大型製造業者更普遍的其實是中小企業，其數量在一九五〇、六〇、七〇與八〇年代迅速增加。幾乎所有這類企業都是由技術與資本有限的小企業主創立——今天臺灣人稱他們為「黑手頭家」，因為他們在工廠親力親為，不怕手髒。福太洋傘就是其中之一，創辦人白手起家，將公司從十人新創小公司，發展成全世界最大雨傘製造商。

進口替代業在一九五〇年代發展到極限。GDP（國內生產毛額）成長放緩，本土市場日漸飽和。尹仲容尤其憂心，證據顯示他所謂的「投機分子」（不是從生產活動，而是靠外匯限制與進口配額等套利機會賺錢的人），正在腐化中華民國經濟。臺灣企業需要擴大市場，需要有競爭壓力才能不斷成長，政策幕僚於是在一九五八年展開新的路線：出口導向工業化。

臺灣企業在受到保護的本土市場經營數年後，已具備將商品銷往海外所需的基本技術與資源。臺灣以美國、日本與西歐為主要出口市場，相較於上述市場內部的製造者，臺灣企業在成本上享有極大優勢。話雖如此，從進口替代的庇護走向廣大殘酷的全球貿易天地，前路仍令人畏懼。幸好臺灣企業進入世界時，得到兩大關鍵盟友襄助：美國經濟政策制定者與中華民國政府。

冷戰伊始，美國即決心不讓第一線亞洲盟友，日本、臺灣與南韓，陷入導致共產運動在世界各地萌芽的那種經濟危機中。為此（也為了促成美國公司的技術與管理升級），美國鼓勵盟國追求經濟發展。一九五〇至一九六五年之間，美國給予臺灣超過一億美元的非軍事援助；來自美國的財政與技術協助，是臺灣農業轉型與進口替代工業化政策的支柱。反共大業也促使美國向臺灣製造品開放自身市場，對臺灣加速往出口導向發展有推波助瀾之效。臺灣也很幸運，實施出口導向政策的時間比日本晚了幾年。中華民國政策制定者得以仿效日本的成功之處，同時避免日本的若干錯誤。

一九五八年，臺灣朝出口自由化邁步；國民黨中央常務委員會通過尹仲容提出的改革外匯體系、降低進口關稅障礙並鼓勵出口等提案。當許多政府官員與企業人士還在擔心臺灣經濟尚未準備好因應國際競爭，改革成效已立竿見影。接下來幾年，政府實施各種旨在鼓勵出口的措施，包括修改銀行法與財稅政策。如同在日本這類發展型國家（developmental state）所遇到的情況，國內消費者有時候得承擔政府積極提倡出口的代價——例如對進口產品課徵較高關稅。

除了上述改革措施，中華民國政府也選擇性支持它認為有強大出口潛力的特定產業與企業。一九五八年，政府聘請史丹佛研究院（Stanford Research Institute）顧問評估臺灣的競爭優勢領域。他們點名塑膠、合成纖維與電子零件為臺灣發展可期的產業，事實也證明他們的預測（在扶植政策的支援下）是正確的。

起先，充沛的勞力供應讓臺灣在與既有製造地競爭時占有極大的成本優勢。產業僱用的人愈來愈多，薪資與收入也隨之增加，但勞動生產力提升得更快。薪資與生產力之間的高度落差是人為結果，源於政府對勞工運動的壓制（幾乎沒有獨立的工會），以及島上無數小家族企業蔚為特色的自我剝削。

生產力與薪資之間差距所創造的盈餘，讓臺灣有極高的儲蓄率與投資率，帶動正向循環。而這個循環又因政府決心確保電力、金屬、石化與塑膠等關鍵工業資源供應無虞，進一步得到強化。大多數出口製成品是由中小企業所生產，大公司（大多為國有）則主宰上游產業。低薪、資金穩定投入與政府優惠政策三者結合，成功吸引國外投資人和臺灣人目光。臺灣成為比美國、歐洲和日本更吸引人的選項——這三個地方在一九六〇與一九七〇年代都面臨到薪資成本提高與法規趨嚴的問題。而當環保運動在日本與西方發言權大增，臺灣於是成為「骯髒」製造業的避風港。

有些外商選擇透過直接投資獲得在臺生產的機會，但大部分公司採取的是另一種模式。它們與臺灣本地企業簽下訂單，購買後者根據買方要求之規格生產的物品。這種「代工生產」模式讓外國公司既可取得所需商品，又不會占用到投資資金，同時促使臺灣中小企業提升其技術水準與開發能力，但不用承擔品牌經營、行銷與設計的風險和開銷。臺灣的中小企業如何成為全世界的代工生產佼佼者，然後將這種代工生產策略轉移到中國大陸，是接下來兩章的主題。

1 Wu Rwei-ren, "Fragment Of/f Empires: The Peripheral Formation of Taiwanese Nationalism," *Social Science Japan*, no. 30 (December 2004): 16–18.

2 中文稱呼「四九年過來的人」為「外省人」。日本占領臺灣之前就來到島上的家庭，則稱為「本省人」。

3 轉引自Stephan Haggard and Chien-Kuo Pang, "The Transition to Export-Led Growth in Taiwan," in *The Role of the State in Taiwan's Development*, edited by Joel D. Aberbach, David Dollar, and Kenneth L. Sokoloff

(Armonk, NY: M. E. Sharpe, 1994), 60.

4 Thomas Gold, *State and Society in the Taiwan Miracle* (Armonk, NY: M. E. Sharpe, 1986), 58.

第三章

「第二春」：臺灣傳產發現中國大陸

一九七〇年代中期，臺灣的出口導向製造業大步飛奔，此時的中國連跑鞋都還沒穿上。誰知二十年後，運動鞋的製造（以及其他眾多產業）卻盡數從臺灣消失，一家接著一家將生產線遷移到海峽對岸。變化的速度怎麼形容都不嫌誇張。遲至一九八六年，臺灣的政府對於中華人民共和國，仍固守其「三不」政策：跟北京的共產黨高層之間不接觸、不談判、不妥協。臺灣人不得前往中國。貿易絕無可能，投資想都別想。一九七〇年代海峽兩岸之間的經濟與政治鴻溝如斯，誰都想不到後來臺灣大部分的傳統製造業竟會在十年間轉移到中國。

縱使臺灣人獲准在中國成立公司，一九七〇年代中期的中國實在不是有吸引力的外國資本投放標的。中華人民共和國正處於劇變階段；無論在口號上還是政策上，中國對商貿態度皆極不友善。中國經濟才剛脫離大躍進與文化大革命的徹底失敗，中國私有經濟在共產黨統治後仍殘存的痕跡，也都在這兩場運動中悉數遭到抹除。與此同時，中國領導班子正深陷一場殊死戰，一邊是以周恩來為核心的溫和派，另一邊則是先前發動文化大革命的極左激進派。只要毛澤東還在世，政治僵局無解，就不可能有經濟改革。

一九七六年九月，毛澤東過世，為溫和派帶來期盼已久的契機。少了強大的毛主席，失去靠山的激進派旋即政治破產。周恩來在一九七五年過世後，鄧小平成為溫和派領導人，等到激進派（以惡名昭彰的「四人幫」為代表）失勢，鄧小平通往大權的路立刻清晰可見。到了一九七九年，鄧小平已穩居毛澤東繼任者之位。雖然鄧小平把一些正式職位讓給別人，但他始終是中國最高領導人，在幕後主理國政，直到一九九七年逝世。

鄧小平是共產黨員，但他深信經濟發展是中國成功落實共產主義社會與經濟制度的先決條件。為達成經濟發展，鄧小平打算放鬆毛澤東對於商業與對外交流的禁制——他的「改革開放」口號就是這一路線精神的具體表現。他認識到，想發展中國經濟，就需要允許對外貿易與外國投資。他採取的其中一項早期措施，也是最有力的措施，是設立經濟特區以活絡出口加工貿易。

周恩來是中國倡議設立經濟特區的第一人。一九七〇年代之初，周恩來開始提供經費，讓中國經濟政策制定者出國考察，瞭解其他國家如何處理經濟事務。許多官員經歷多年孤立與毛主義宣傳，如今見識到非共產主義世界變得如此繁榮，科技如此先進，實在瞠目結舌。他們熱切想把現代性的益處帶回中國，卻又深信個人主義與貪婪已滲入資本主義社會之骨髓，他們不希望中國社會暴露在同樣的環境下。經濟特區就是提供一個安全的架構，中國得以在這種自成體系的地理與經濟單位中，發展貿易導向的產業，既有將二十世紀晚期全球經濟利益帶給中國人民的潛力，又能同時保護其社會主義價值。

周恩來對於南臺灣的經濟特區特別感興趣。高雄港自由貿易港區，前身是一九六六年設立的高雄加工出口區；進駐這個工業園區的廠商，可以減免特定的稅項，也能免於特定條例的規範。加工出口區吸引外國投資者，希望以盡可能低的成本利用臺灣的勞動力來獲利。園區設立不到兩年，便達到預期投資、出口價值與就業率目標。政府獲此鼓勵，在其他數個地點擴大實施特區模式。「經濟特區」是出口鼓勵政策錦囊中最重要的一條妙計，使得整個一九六〇與一九七〇年代，臺灣人均GDP成長率都在一〇%以上。

周恩來認識到，對於勞動力充沛但投資與技術不足的經濟體而言，經濟特區模式極有價值。他在外國領導人面前大讚高雄，並指示中華人民共和國官員以高雄的例子為典範，設法成立加工出口區。周恩來在某次國務會議上，責備部會首長跟不上臺灣：「你這個外貿部長不如嚴家淦，人家在高雄搞了個出口加工區，把外貿發展起來了⋯⋯。我們過去沒有這個條件。現在情況變了，我們應當多想點辦法。」[1]

對於特區模式，鄧小平跟周恩來一樣積極。實現周恩來的經濟特區計畫，是鄧小平的首要之務。一九八〇年，他力排中共極左派眾議，大力推動四個經濟特區的計畫。其中，深圳、珠海與汕頭經濟特區皆位於廣東省，離香港很近。第四個經濟特區，則是與臺灣隔海相望的廈門。經濟特區一開始的投資者是香港人與海外華商；這些企業家中有許多人祖上原籍廣東與福建，帶著家人移居到東南亞。他們與幾年後的臺灣人一樣，得益於對中國南方語言與文化的熟悉。一九八〇年代初期臺灣還在堅守「三不」政策的時候，經濟特區主管機關已看上臺灣人的投資潛力。一九八四年，也就是臺灣政府正式允許國人到中國投資的六年之前，廈門便採取鼓勵投資措施，意在吸引臺灣投資人，也就是所謂的「臺商」。[2]

為此，北京制定大量政策與法規，展現出與臺灣在經濟上互動的渴望。一九八一年，位居中華人民共和國層峰的葉劍英，針對促進臺灣與中國統一提出了一項方案，他呼籲在兩岸之間建立強固的經濟嚙合，包括直接通郵、通商、通航等後來稱為「三通」的措施。一九八四年，上海等城市成為「開放城市」，積極爭取對外貿易，兩年後出爐的「沿海發展戰略」更是把開放狀態延伸到中國沿海大部分地區。沿海發展戰略將二八四座城市、一億六千萬以上的人口合攏為單一巨型經濟特區，特區中的外資公司得以免除所有規範、限制與租稅。一九八〇年代，國務會議通過臺灣人投資經濟特區的優惠待遇；一九八八年，北京通過一部名為《國務院關於鼓勵臺灣同胞投資的規定》的法律。

簡言之，有意從事出口推廣貿易的外國投資人，能夠享有開放、友善的環境，而在所有外資當中，臺商享有最優惠的待遇。中國企業面臨的法規環境則大不相同。中資公司（泰半為國有企業）雖也置身於這種局部改革的氛圍中，但它們的成長與競爭力卻受到規章限制，加上外國公司早早起跑的巨大優勢，導致中國國內的公司無法與之競爭出口製造業的商機。臺商享有的特殊優惠待遇，不僅使臺企的競爭優勢高於其他外國公司，也高於中國國內公司。因此，但凡有意發展地方經濟的基層官員，都認為臺商是極具魅力的爭取目標。

鼓勵臺灣人投資的這項決策，固然有政治成分——當時的中共中央總書記趙紫陽判斷，中國沿海生活水準若可與臺灣並駕齊驅，統一之路就能走得比較順——但亦有經濟動機。譚睦瑞（Murray Scot Tanner）嘗言：「中國二十五年來誘人的經濟成長，幾乎讓人忘記在一九七九年，北京需要臺灣的程度遠大過臺灣需要中國的程度……（中國）奇缺無比的資本、技術與管理專業，正好是臺灣的強項。」[3] 唯有資本主義企業，才能提供中國需要的那種發展，但中國還沒準備好讓本國企業擁抱資本主義模式。鼓勵外國投資，讓北京得以刺激發展，同時保護本國行動者不受資本主義汙染（至少表面如此）。

對於北京方面的邀請，臺灣人起初相當謹慎。少數臺灣人透過第三方注資中國，但只要臺灣政府繼續嚴守三不政策，大多數臺資企業就不敢接受中國方興未艾的經濟特區，以及特設的臺企投資區所提供的賺錢機會。但三不政策在一九八七年出現轉變——蔣經國總統打開大門，允許臺灣人前往大陸探親。一九四五至一九四九年間，超過百萬人隨國民黨政府來到臺灣。許多人把親人留在大陸，從沒想過竟有四十年時間無法返鄉。蔣經國之所以放寬臺灣人前往大陸的禁令，是為了讓垂垂老矣的四九年難民，有個機會能在離世之前返鄉祭祖、跟家人團圓。

開放之初造訪中國的人，所遇見的是個既落後又富潛力的奇妙組合。就技術條件與生活水準而言，中國遠遠不及臺灣，但也正因為落後，投資人才會覺得中國是具有吸引力的目標。一九八〇年代晚期，全球市場需要的是低價商品，而臺灣幣值走揚、薪資與土地成本提高，加上法規愈來愈多，傳統製造業因此遭到夾殺。對於鞋子、衣服、家具與玩具等低技術產品的製造商來說，中國的經濟特區有充分土地可供產業發展，更有大批失業的農村人口等著要掙臺灣普遍工資水準（prevailing wage）十分之一的薪水，讓廠商有望逃離成本陷阱。[4]臺灣的政府後來也推了一把，放寬資本輸出限制——臺灣若要從廉價製造業轉型為全球經濟中的高附加價值角色，放寬資本輸出勢在必行。

對於臺灣的中小出口製造業公司而言，中國經濟開放來得正是時候。成本提高與貨幣升值削弱了臺灣傳統製造業的競爭力，但企業移到中國卻能在低成本的環境中蓬勃發展，煥發所謂的「第二春」。

北京決定一開始先在少數幾個經濟特區試行，此舉不僅有利於臺商，對於臺企投資的獨特地理分布也有影響。幾座城市（包括南方的東莞與位於長江三角洲、西接上海的昆山）成了人們口中的「小臺北」。一旦出了這些城市，恐怕連一家臺企都找不到——臺企習慣成群結隊。這兩種分布模式都能回溯到經濟特區時期，只不過原因各有不同。臺資企業一開始是透過珠江三角洲與福建等地的經濟特區進入中國。以直線距離而論，福建是中國最靠近臺灣的省分，但雙方的海空直航直到二〇〇八年才開放。由於當時沒有直航，於是珠江地區因其地近香港（物流與金流進出中國的輻輳之地），而較其他地區勝出一籌。

一九九〇年之前，臺灣都禁止對中國投資；即使全面禁令解除，特定的限制仍維持很長一段時間。直到二〇〇八年，兩岸才終於拍板定案，全面開放貨物直航，允許臺灣乘客從臺灣島直飛中國目的地。同一年之前，由於沒有直接的金融與轉運連繫，香港一直是人流、金流與物流的重要中轉地。其間，臺灣與中國之間最短的距離，實際上是取道香港。

臺北與北京之間緊綳的政治關係，讓臺商吃了不少苦頭，沒有直航就是其中之一。往來海峽兩岸的乘客經香港機場中轉，或從中國入境區前往臺灣航班候機室，或從臺灣航班候機室前往中國入境區。在機場的這兩端，坐著數以百計疲憊的男女商人，低頭彎腰換手機SIM卡。一趟行程下來既浪費時間（把臺北與上海之間八十分鐘的航程，拉長成一整天）又浪費錢，飛機油料自不待言，也導致在中國工作的臺灣人難以回到臺灣短期停留。距離對公司預算與臺商家庭都是折磨，難怪從一九九〇年代到二〇〇〇年代，「直航」都是臺商的核心訴求。貨物的轉運成本也影響臺商企業的利潤。不過，「沒有直航」反而有利香港周邊迅速發展的工業地帶。

借助大量經香港湧入的物流與人流之力，加上鄰近廣東省會廣州的政治與經濟基礎建設，南方的各個經濟特區跟著繁榮興旺，眾多臺商在珠江地區開設工廠。尤其是東莞，根本就是一座臺灣人的城市。截至一九九二年（距離開放臺灣人前往中國僅僅五年），廣州附近的這座小鎮，便成為四百多間臺資製鞋工廠的所在地。[5]

設立於福建廈門的經濟特區雖然位置有些不便，但具備其他能吸引臺資的優勢。臺灣中小企業業主祖上多半來自福建，島上最多人使用的本土共通語言也是閩南語。百年來的分隔，讓兩岸在方言口音上出現若干差異，但臺灣企業家與福建官員講起閩南語，仍感覺格外親切。數十年來，兩岸講閩南語的人都被各自政府習慣講「官話」（在臺灣稱國語，在中國稱普通話）的官員壓制禁言，現在有機會把管制語言的上級排除在對話之外，難怪他們樂在其中。

除了語言，臺灣人與福建人之間還有其他紐帶，有助於臺商從福建深入中國。許多臺灣人家族（甚至早在十七與十八世紀就來到臺灣島的宗族）知道祖先是從福建遷居而來。臺商能套祖上的交情，潤滑商業關係。他們捐錢給地方機構，大擺宴席，贊助節慶活動。在上述每一項活動中，當地官員都是座上賓，尤其是負責發展經濟的官員。這些建立起來的關係為進一步投資打開了大門，更多的投資則接續帶動另一輪「商業發展」。

臺商與中國商人之間的文化親近感在福建最強烈，但其實這份文化親近感讓臺灣人在中國各地活動，都比沒有華人血緣的外國投資人來得吃香。凡是在中國有過簽約經驗的人，哪怕是簽那種最簡單的合約，都能作證交際應酬對於在中國經商的重要性。中國人重視與合夥人和客戶之間的社交關係；想要投資的商人必須懂得怎麼正確打好「關係」。從遞名片的方式，到設宴時賓客坐的位子，一切大有學問。臺灣人的禮數不見得與中國版本一模一樣，但也相當接近，足以讓臺商比較順利地打入中國社交網絡，甚至擔任中間人引介第三國的投資者。

許多人討論臺灣人在中國的成績時，都會提到臺灣與中國之間的文化紐帶，是臺商比其他國家投資人更勝一籌的關鍵。然而，文化紐帶雖然有效，卻並非萬能。無論過去或是現在，中國的政經制度都跟臺灣大不相同，而這些制度在商場上扮演的角色比文化更吃重。某些關係臺商是打不進的，即使得以參與，雙方文化類似的程度也不總是如同人們以為的那麼高。例如在臺灣，有形與無形的禮尚往來是鞏固既有關係的方式。但到了中國，臺商很快就領悟到送禮（甚至行賄）往往**就是關係本身**。曾經有臺商告訴我，「在臺灣，能夠利益交換是因為彼此是朋友。在中國，彼此結成朋友是因為能夠利益交換。」這是一個很細緻的差異，但臺商若想在中國事業有成，就得學會熟悉這一套。

懂得如何巴結有政治關係的夥伴尤其重要，畢竟臺商在一九八〇年代末期大批進入中國時，中國仍處於改革過程初始階段。絕大部分的經濟體皆屬國有；許多小企業則以集體企業形式為地方政府或「紅頂」企業所有，也就是公司是由個人經營，但登記為集體企業以獲得政治保護。私有經濟相當受限，即使外國公司與中國公司合資，通常也是與中國國有企業合夥。無論是中資還是外資，公然的私營企業可說是特例，而且想要不受由盤根錯節的公家機關所構成的主流經濟體節制，在其外部運作，也絕非易事。

臺商面臨的其中一項複雜難題，是中國的雙重定價制度。在這個有限度改革的社會主義體系中，許多商品有兩種價格，一低一高：政治地位與關係良好的單位可以拿到低價，缺少關係的單位則拿高價。臺商企業等外國機構若要跨越障礙，將成本降到最低，必須有土生土長的合夥人兼保護人，才能以政府公告價或相去不遠的價格購得商品。諸如取得土地使用權、找營建承包商與建材、組織工班、接水電、確保運費平價合理，以及其他各式各樣的活動——只要有當地合夥人，幾乎每一項任務都能變得簡單一點。

要跟地方夥伴建立關係，就必須善加體察中國法律與禮節，還要擁有彷彿用不完的熱情款待能量，包括永無止盡的宴飲酬酢。為了打理這些關係，臺商傾向於比鄰而居。落腳在同一塊區域，方便臺商引介新來乍到者進入既有社交網絡，並且在出事情時援手相助。儘管有許多臺商在中國遇到麻煩，有些還相當嚴重，但人多勢眾之下安全還是相對有保障。

中國以經濟特區帶動發展的成效甚鉅，中國領導人也清楚知道持續創造出口成長的動力何在。他們迅速擴大出口導向製造業與允許外資的範圍。一九九五年，距離臺灣政府解除對中華人民共和國的投資禁令還不到十年，中國已從製造品淨入口國變成淨出口國。[6]

回首臺灣人投資中國之初，再看看中國經濟在僅僅數十年間產生的變化，實在大出人意料之外。二〇二〇年，外國公司最擔心的是自己被實力愈來愈強的本土公司擠出中國。但在三十年前，外國公司不僅是中國出口經濟的領導者——外國公司**就是**中國的出口經濟，而且這是有意為之的結果。北京想要出口製造業帶來的外匯與收益，但不願意讓本國企業暴露在全球市場的影響力與風險之中。於是，中國政府採取把出口製造領域幾乎全交給外資企業的政策。特許政策既提升了外資企業對上中國境外製造商的競爭力，也強化了外資企業對上同產業中國本土企業的競爭力。簡言之，北京讓本國企業幾乎無法參與蓬勃發展的出口領域，反使來自香港、臺灣與其他國家的企業看見契機。

事後回顧，這些有利條件一目瞭然，但想要在一九八〇年代就看出來卻十分不易。事實上，當年進入中國的臺商內心是高度戒備。驅使第一波投資人前往對岸的其實是絕望；研究臺商的專家陳添枝與顧瑩華曾說：「『求生存』是他們唯一的考量。」[7]中國雖然薪資低廉，又有語言共通之利，但在一九八〇年代的臺灣人眼裡仍是陌生國度。自一八九五年以來，兩岸之間只有幾年沒有分隔，而且嚴格來說從一九四九年至今都處於戰爭狀態。臺灣企業家不見得很在乎從小聽到大的反共宣傳，但根據自己過去的經驗，他們也沒有理由樂觀期待能在萬惡「共匪」統治之地找到什麼。

一九八〇年代的臺商除了未知，還有另一項風險得面對——臺灣政府完全無法為他們提供司法保障。假如出了事情（就算前方看似一片坦途，許多個體戶投資人還是會在路上磕磕絆絆），臺商只能自求多福。儘管臺灣海峽已是非軍事區——單打雙不打的炮戰已成往事，飛彈試射則尚未發生——但兩岸之間仍不做任何官方交流，也就沒有任何投資協定、稅務協議或領事保護。

由於直接投資在此時嚴格來說仍屬非法，因此第一波投資人是透過香港與其他境外投資平臺租用廠房與設備，讓資金涓滴流入中國。臺灣政府解除對直接投資的禁令後，這種間接注資中國的手法依舊延續。決定以租用方式取得設施，其實也是將非流動資產開支最小化策略的一環。臺商嚴格根據實際需求僱用勞力、購買原物料，也是出於同一種謹慎態度。總之，早期的臺商努力讓固定資產與沉沒成本保持在低點。

早期製造業者管理風險的另一招，則是把先前二十年在臺灣用得得心應手的生意模式原樣照搬到對岸。他們專心接單為國際品牌代工，運用與在臺灣時無異的聚集經濟。製造業不是一次一間公司到對岸，而是一口氣把整條產業鏈統統搬到中國。臺商企業群集於珠江、長江三角洲與福建，出於同一種思維，上述區域內部的關係企業也是成群相鄰設廠。

第一波投資者到中國落腳時，腳底下的板塊才剛經歷過一場政治大地震。對中國來說，一九八九年的「北京之春」(Beijing Spring)示威運動與隨之而來的鎮壓是一場災難，但對臺灣投資人卻是一大利多，因為臺灣在中國製造業經濟中的分量因此擴大。

一九八〇年代，中華人民共和國政治風氣前所未有地開放。毛時代的中國是個充滿監視、宣傳與控制的國度，但在鄧小平主政下，中國人的言論與思想自由，達到一九四九年中華人民共和國建國前後以來前所未有的程度。學生與其他群體受到新氛圍的鼓舞，在八三年、八五年與八七年走上街頭，公開要求政治改革，示威的規模一次比一次大，態度一次比一次勇敢。

改革派領導人胡耀邦本是鄧小平指定的接班人。中國共產黨內反改革的派系以他為批鬥目標，等到他失勢，許多支持改革的中國人認為他的下臺是大開經濟自由化的倒車。胡耀邦在一九八九年一月過世，他的死激起北京各大學學生——許多人參加過先前的示威

──在四月時發動一連串抗議，呼籲恢復胡耀邦與相關自由改革的名譽。不過幾天光景，學生已占領北京中心深具象徵意義的天安門廣場。

示威活動吸引全球目光，西方媒體將這場學運稱為「北京之春」。中國領導人不願驅散示威人潮，畢竟全世界都在看。但學生占領天安門廣場的行動不僅延續下去，而且沒有中止跡象，政府於是決定行動。五月二十日，政府高層宣布北京戒嚴，命令軍隊進城清場。誰知道北京民眾竟決定起身保護示威者，群起湧上街頭，在重要路口設置路障，阻止軍隊推進天安門廣場。部隊指揮官先是上報政府，表示無法在不使用武力的情況下奪回北京城，然後命部隊後撤。

北京居民控制北京城數日，部隊則駐紮在外圍城鎮。但高層耐心有限，於是在六月三日夜裡調來其他部隊，下令恢復城內秩序。軍隊乘戰車與裝甲運兵車進城，輾平路障，射殺示威者與路人。幾小時內，天安門廣場便已清理完畢，北京民眾死亡人數不詳，學生與非學生皆有之。

鎮壓的消息傳了開來，國際社會大駭，尤其是積極回應這場學運的西方社會。幾年之前，許多西方評論家曾預測中國的經濟改革將鼓舞一場政治轉型，天安門的示威彷彿就是轉型的開端。結果，學運遭到殘酷鎮壓，中國人一下子被拽回毛澤東式的夢魘裡，拽回政治迫害、自我批鬥與無止盡的宣傳中。

為了展現義憤及平息國內民眾要求採取行動向中國領導層表示抗議的呼喊，許多外國政府因此實施經濟制裁。世界銀行估計，外資投資申請在天安門危機後驟跌七五％；外資直接投資中國的增長率也從一九八八年的三八％，在一九九〇年跌落到三％。根據中國政府數據，此次危機導致外資貸款協議銳減五〇％，中國的借款成本也急遽增加。《華爾街日報》（*The Wall Street Journal*）估計，這場危機恐怕讓中國損失十億美元的觀光收入。中國貿易逆差在一九八八至一九八九年間翻倍，雖然到了一九九〇年又變成順差——幾個國家的出口禁令無疑是部分原因。數十年後，某些禁令（包括美國與歐盟對中國的軍售禁令）仍未解除。

天安門事件重創中國經濟。一九八九年夏天，中國政府對改革開放政策踩煞車，跨國企業於是也對中國踩煞車。外國投資人不禁懷疑中國有沒有準備好要與全球經濟接軌：如果政治隨時可以凌駕經濟，自己的錢怎麼會安全？

來自其他國家的外資逃離中國，所造成的真空本來會摧毀中國出口動力，但臺灣人適時進場。臺商非但沒有撤離，甚至加碼投入，原因與政治無關，而是因為他們看到商業契機。臺灣政府原本就沒有大力促成跨海峽投資，此時自然也沒有什麼手段能阻止；當局甚至在一九八九年夏天解除從中國進口貨品的禁令。一年後，臺灣開始登記國人在中國的間接投資，等同要讓行之有年的做法合法化。

到頭來，天安門事件只不過短暫中斷了中國的經濟成長。一九九二年春天，鄧小平巡視中國南方的製造業重鎮，放出自己支持重返快速成長軌道的信號，包括鼓勵外資。鄧小平特別點名深圳，表示這個以經濟特區為核心的出口地帶是模範。不出幾年，外國公司又大量回流，中國經濟成長曲線又接了回去。到了一九九二年，中國GDP成長率已從一九九〇年的低點四%，反彈回一四%。

等到天安門事件塵埃落定——落得可快了，有廉價中國商品可買的美好未來迅速淹沒了人權的呼聲——一切幾乎如故。中國依然是威權國家，人民享有的政治權利寥寥可數，西方也依然從中華人民共和國進口製造品，而且規模愈來愈龐大。但對臺商來說，這起事件卻是影響深遠，不僅讓他們趁機開拓了在中國製造業的市占率，也鞏固了他們作為中國沿海關鍵（而且可靠）資金來源的地位。

第一波移往中國的臺灣企業，多半從事傳產代工。移到中國使這些臺企更具競爭力，而競爭力則是維繫企業生存的關鍵。不過，許多企業不只是生存下來，還升級躍進，在營運與產品上皆有所提升。對高科技製造業者來說更是如此，它們過去在臺灣時與品牌公司建立的關係，在一九九〇年代愈發密切深化，「代工」的本質也在過程中轉變。

代工業者必須在「品質」、「時效」與「成本」這三大難以兼得的價值之間取得平衡。不同等級的客戶看待這些價值的方式也不同。有人認為確保品質的穩定，重於追求最低的價格。至於追求快時尚的公司，則會把即時交貨視為首要之務。也有一些買主認為價格決定一切。臺商公司的強項在於品質與時效。往中國發展，有助於臺商製造業者保持價格競爭力，同時維持高品質。

「品質」不只代表交出達到合約標準的成品。對跨國品牌而言，「品質」還包括代工實踐過程展現出來的質量——也就是國際級顧客對於代工夥伴有信心，知道後者能妥善達成任務不會橫生枝節。也許可以用較低的價格買到類似產品，但為了交貨準時、品質穩定或合作順利，多付一點也很合理。委託代工另一項危險則是專利技術與設計落入競爭者手中。在中國這個對智慧財產權的保障出了名鬆懈之地，設計被竊取是一大須嚴防的風險。

為求取品質、時效、保密與價格之間的理想平衡，Nike公司可是煞費苦心。Nike起家時就是一家設計與行銷公司，本身沒有生產能力。從一開始，Nike便仰賴代工業者生產所有產品。Nike原先的供應商在日本，但進入一九八〇年代初期，這家公司開始與南韓和臺灣代工業者合作，包括寶成與豐泰。隨著中國的改革開放在這幾年間的深化，中國的低廉勞動成本也吸引到Nike董事們的注意力，於是他們開始把製造過程中勞力最為密集的一步——最後組裝——交給中國公司。為了確保高品質，Nike仍是仰賴臺灣代工業者生產鞋材，再交由中國企業組裝。

但Nike很快就發現，臺灣製鞋產業的強項，在於一種獨特的模式：一群小型、專業的公司在一個網絡關係綿密的地理聚落中一起工作。這種模式讓臺灣鞋業能隨機應變，跟得上Nike不停變更設計的步調，又不會犧牲生產品質。調度這些複雜供應鏈的功夫，非中國製鞋組裝廠能力所及；生產過程需要供應商、組裝廠與Nike總公司之間有一定程度的相互配合，中國企業還無法達到，此外還需要代工業者對新設計與技術的情報守口如瓶。為了維護品牌賴以屹立的高品質、可靠性與時效，Nike需要臺灣（與南韓）代工業者負責掌管整段製程。

Nike一意識到韓國與臺灣生產網絡已然成為公司全球生產鏈不可或缺的環節，便開始發展更具戰略性的規畫，來管理自己與代工商之間的關係。豐泰等技術成熟的合作夥伴，可以得到生產Nike頂尖產品的長期合約。寶成等量產業者則負責讓需求量高的Nike產品能穩定流向消費者，至於技術正在發展階段的原料供應夥伴（包括寶成的子公司裕元），其任務則是將高效能的生產作業模式拓展到新的（也就是更便宜的）地點。上述安排等於讓Nike的長期供應商一同來協助這家公司擴張進入新市場。同時，Nike也給予長期代工業者擁有管理供應鏈（包括中國與其他薪資低廉國家的勞力）的高度自主性。

但Nike也發現，在今日全球化世界中製造產品，不只是「以最低的價格取得最高的產品品質」那麼簡單。「品質」涵蓋的範圍，甚至包括製造過程中的勞動與環保條件。一九九〇年代中期，美國消費者開始關注「低價的高成本」，特別是某些精品品牌的製作條件。臺灣與韓國代工廠能夠以有競爭力的價格供應高品質的商品，但運作的方式卻讓Nike等品牌難以招架新的挑戰：反血汗工廠運動。反血汗工廠人士努力要讓Nike與類似企業，為其商品生產工廠的勞動條件負起責任，無論該工廠是否直接由企業控制。

一九九〇年代之初，人權與勞權團體呼籲世人關注與美國品牌有關的眾多海外成衣工廠糟糕的勞動條件。勞權人士抨擊美國公司購買的商品，是出於印尼、巴基斯坦、越南與中國的血汗工廠。若干備受矚目的事件發生後——例如名流凱希・李・吉福德（Kathie Lee Gifford）在電視上聲淚俱下，承認打著「凱希・李」品牌在沃爾瑪（Walmart）販售的成衣，是由使用童工的宏都拉斯血汗工廠所生產的——相關運動在九〇年代中期如火如荼發展。由於Nike的高知名度與國際聲譽，反血汗工廠與反全球化運動者決定以這家公司為其運動的頭號訴求對象，Nike於是成了各種勞工、經濟與環保運動者的首要目標。

一九九六年，媒體大幅報導一張巴基斯坦童工縫製Nike足球的照片；一九九七年，安永會計師事務所（Ernst and Young）查核Nike在越南的韓資供應商，發現對方嚴重違反了Nike的健康與安全標準。一九九六年，美國總統柯林頓的勞工部長瑞赫（Robert Reich）邀集反血汗工廠運動人士、品牌公司與美國各工會，共同制定成衣業的勞動標準。一九九八年，瑞赫創立的「成衣業同業聯盟」（Apparel Industry Partnership）所提交報告中包含一份提案，囊括產業行為公約與監督原則。假如成衣業以為參與這項白宮的規畫就能平息爭議，恐怕會大失所望。反血汗工廠運動才正要拔山倒海而來。

一九九七年秋，一群運動人士在杜克大學（Duke University）校內成立「反血汗工廠學生組織」（Students Against Sweatshops）施壓校方，要求杜克大學聯名商品的供應商必須達到勞動標準，並根除血汗勞動。一九九八年初，杜克大學校長宣布，學校將會規定製作杜克大學授權產品的公司，必須承諾提升勞動條件、加薪、允許工廠查核，以及認可勞工有組織工會的權力。其他大學複製杜克大學的成功模式，從柏克萊到耶魯，反血汗工廠學生組織遍地開花。白宮發起的「成衣業同業聯盟」邀請各大學加入新成立的監督組織：「公平勞動協會」（Fair Labor Association）。

反血汗工廠學生運動對Nike帶來強大挑戰，畢竟Nike是美國許多大專院校運動用品的特約業者。面對壓力，公司迅速回應，承諾為製作Nike品牌商品的工廠提高薪資，改善勞動環境，並允許監督人員檢查廠房。一九九七年，在奧勒岡總部與亞洲分公司都設了勞工事務部門。公司也贊助專為代工業者開設的教育訓練課程，裡面有許多就是Nike自家的供應商。二〇〇一年，Nike在臺北舉辦了同類型的工作坊。

對Nike等品牌來說，真正的挑戰在於為公司製作產品的工廠，畢竟不是由它們所營運。為了達到公司對勞權人士的承諾，各品牌必須得到負責營運海外工廠、管理底下分包商的代工業者配合。對於代工業者來說，光是讓自家廠房達到Nike要求的標準還不夠，它們也得監督分包商，偏偏許多分包商所在的國家，法規水準遠不及Nike規定的那麼嚴格。Nike仰賴代工業者提供高品質的運動褲，如今也仰賴這些業者提供證明，證實運動褲不是血汗工廠所生產的。

二〇〇二年，Nike提出「未來願景」（Future Vision）計畫，重新建構其委外生產做法，提升Nike監督製程的能力，達到企業的社會責任目標，以改善品牌形象。Nike淘汰若干包商，並加強對剩餘包商的控管。包括臺灣的寶成與豐泰在內，有五家公司達到「菁英製造夥伴」（Manufacturing Leadership Partners）水準，順利完成從Nike的代工業者到事業夥伴的轉型。

運動成衣業在一九九〇至二〇一〇年間轉型，臺灣的企業則身處轉型的中心。今天印有「Made in Taiwan」字樣的鞋子少之又少，但臺企依舊稱霸全球品牌鞋的生產。它們的企業戰略強調多角經營，產品要多樣，地理分布要廣。寶成集團是全世界品牌運動鞋最大供應商——不只Nike，還有Reebok、Asics、Under Armour、Adidas、New Balance、Puma等品牌，以及Converse與Timberland的休閒鞋。豐泰為Clarks、Rockport、馬汀大夫（Doc Martens），以及Nike與其他運動品牌製鞋，此外還生產直排輪、滑雪靴、冰上曲棍球設備、頂級高爾夫球和足球。兩家公司都在臺灣投資研發工作，並設法提升在越南、印尼、印度與其他國家的產能。換句話說，這兩家業者一步一腳印，用專利與投資證明自己的跨國企業地位。

一九七八年，中華人民共和國的國際貿易進出口總額約兩百億美元；其中該國出口總值不到百億美元。經濟學家將中國歸類為發展中國家，即將在可預期的未來經歷成長趨緩。此時的新興出口製造業經濟體多在拉丁美洲。紡織製造業流出美國南部，流入墨西哥與中美洲。然而，中國的出口經濟卻在二十年後直上雲霄。二〇〇〇年，中國出口收入達到兩千五百億美元，其中泰半來自製造業商品。此時的中國已是全球最大製鞋、玩具、運動成衣出口國，成為全球商品鏈中的關鍵環節。生產上述商品的企業絕大多數都是外國企業，其中有數千家來自臺灣。

以後見之明來看，中國轉型為消費性製造業火車頭似乎是注定的，勢不可擋，但事實上當時沒有人預見到中國會崛起，甚至連中國在一九九〇年代開始急起直追時，也幾乎無人想像得到這個國家能達到如此高度。貧窮的農業中國究竟何以成為世界工廠？問題很複雜，答案涉及許多層面，但如果我們忽略了無數根在臺灣的製造業者，就無法解釋中國往出口導向製造業的轉型。這些臺企全副武裝來到中國，帶來滿滿的資金、技術、設備、管理與顧客。只要補上勞力——中國是豐沛的勞力泉源——出口製造業也就水到渠成。少了這些臺企，少了它們的資源、專業與關係，實在很難想像中國的出口導向製造業領域得等到什麼時候才能（甚至於能不能）達到起飛速度。

1 引自Lawrence Reardon, *The Reluctant Dragon: Crisis Cycles in Chinese Foreign Economic Policy* (Seattle: University of Washington Press, 2002), 165.

2 Michael West Osborne, *China's Special Economic Zones* (Paris: Development Centre of the Organisation for Economic Co-operation and Development, 1986), 111.

3 Murray Scot Tanner, *Chinese Economic Coercion against Taiwan: A Tricky Weapon to Use* (Santa Monica, CA: RAND National Defense Research Institute, 2007), 37.

4 Hsing You-tien, *Making Capitalism in China: The Taiwan Connection* (Oxford: Oxford University Press, 1998), 18.

5 Hsing, *Making Capitalism in China*, 4.

6 World Integrated Trade Solutions, "China 1994 Import Partner Share," World Bank, https://wits.worldbank.

org/CountryProfile/en/Country/CHN/Year/1994/TradeFlow/Import/Partner/ALL/Product/manuf.

7 陳添枝、顧瑩華，〈全球化下臺商對大陸投資策略〉，收入於陳德昇主編，《經濟全球化與臺商大陸投資：策略、布局與比較》（臺北：印刻，二〇〇八），頁一六—一七。

第四章

從中小企業到設計代工：臺灣融入全球製造業網絡

《玩具總動員》第三集裡，太空人巴斯光年受困在陽光托兒所（Sunnyside Daycare），他的朋友芭比（Barbie）利用舊情人肯尼（Ken）的虛榮心，展開救援任務。雖然芭比娃娃跟太空人可動公仔之間的純友誼關係讓人很難一窺究竟（何況這部電影是普遍級），但從芭比的年紀來看，她綠松石色緊身衣底下應該跟巴斯光年印著相同的字樣：Made in Taiwan。

一九六七年，美泰兒公司（Mattel Corporation）與華夏海灣塑膠股份有限公司合資，在臺北郊區小鎮泰山鄉的工廠生展玩具。兩年後，這間工廠開始生產芭比娃娃。泰山的美寧娃娃工廠所採用的生產模式，稱為「原廠委託製造代工」（original equipment manufacturing，即「不含設計的專業代工」），簡稱OEM。根據專業代工模式，美寧及其分包商專為美泰兒製作產品，所用的也是美泰兒提供的設計。專業代工是一種不含設計的純粹代工生產模式，而且是臺灣在出口製造業榮景期很擅長的一種模式。

由於芭比工廠成績傲人，雙方合資的公司不久後又在附近新建三間工廠；到了一九八三年，廠房僱用達八千人，生產全世界芭比娃娃供應量的半數：每天兩萬個。合資公司直接擁有、經營這四間工廠，專門製造芭比的頭、軀幹、四肢、頭髮與衣服，同時包辦組裝、包裝娃娃的工作。

另外還有數百間小工廠以分包商身分，支援上述四間工廠的工作。這種「中心—衛星」工廠網，是許多跨國企業在臺所採用的模式。這些小工廠與工坊（有些充其量就是客廳角落的一架縫紉機）幫娃娃的臉上色，貼上頭髮做造型，縫製諸多配件。它們也協助芭比娃娃的著衣與包裝。有些工坊也從事塑膠射出，用美泰兒提供的模具，生產芭比的小小手拿包與迷你高跟鞋。美泰兒及其承包商加起來僱用了泰山鄉三分之一的勞動力，即使在這座曾很冷清的鄉鎮發展成人口規模與波士頓不相上下的城市後，也是如此。

「芭比鎮」結束的故事聽起來也很熟悉：到了一九八〇年代中期，在生產廉價塑膠玩具方面，臺灣已不再是個有競爭力的地點。工資提高是部分原因，加上高昂的土地與物流價格、新法規推出和新臺幣升值，都增加了在臺製造的成本。一九八七年，美泰兒把泰山的工廠遷往中國與馬來西亞，昔日湧入工廠的年輕婦女，以及用零碎空閒組裝出無數個芭比衣櫃的家庭主婦紛紛失業。儘管如此，泰山鄉從未忘卻「芭比的第二個故鄉」的自我形象，於二〇〇四年開設泰山娃娃產業文化館，為娃娃產業在泰山歷史上扮演的角色留下見證。文化館記錄了美寧工廠工人的生活，陳列了照片、工資單和其他紀念品。有些懷念往昔時光的前員工在館內擔任解說員，甚至有人教遊客如何設計、縫製獨一無二的芭比玩偶。

聽完泰山芭比的故事，實在很難不去想：為什麼是臺灣？世界上不乏渴望發展的國家，為什麼要選擇臺灣的一個鄉村，作為全球半數芭比的誕生地？臺灣從進口替代轉往出口導向工業化的路，為什麼遠比其他國家成功？問題的答案耐人尋味，而且非常重要，能讓我們深入瞭解臺灣企業移往中國時有哪些強項，以及試圖把自己獨特的經營模式（與獨一無二的成就）移往新地點時，會遇到什麼樣的挑戰。

臺灣的出口成就建立在三根支柱上：開放的市場、政府政策的支持，以及活躍的企業領域。前幾章談了第一與第二根支柱，說明華府之所以允許臺灣及其鄰國的商品自由進入，其決策背後的理路為何；並審視了那些讓臺灣發展出製造業專長的政府政策。那麼企業家呢？他們從何而來，又是如何能夠如此有效把握契機？

毫無疑問，臺灣開始製造出口產品的時間點相當理想。當時正值冷戰高峰，美國熱烈支持與共產世界接壤的對美友好國家；只要盟友願意協助阻止蘇聯與中國勢力擴張，華盛頓同樣願意對盟國的不民主政治型態與重商貿易保護主義經濟政策睜一隻眼閉一隻眼。彼時美國製造業如日中天。美國企業占據無數高價值產業食物鏈的頂端，因此樂於把廉價製造業機會分享給友邦。

美國政府政策確保臺灣製造業者能打入一個富裕的消費者市場，臺灣政府政策則確保製造業者能取得它們所需要的以使商品順利流通。但光是市場與資源投入，仍不足以造就蓬勃的出口經濟；這些是必要的，卻還不夠。若是缺少願意且能夠以消費者甘願支付的價格生產商品的企業，那也沒戲可唱。臺灣奇蹟的最後一環，是小企業數量的遽增——這些企業以幾無敵手的價格，為美國與其他出口市場提供商品。久而久之，上述中小企業開始採用新的技術與商業策略。中小企業一面提升能力，一面從純粹以接單製造為主的長期代工，轉向「原廠委託設計代工」(original design manufacturing)，簡稱ODM。例如今日的蘋果公司不僅仰賴臺灣供應商生產iPhone，也要靠它們設計新的零件，並且在品質與功能上持續穩定提升。

臺灣之所以在出口製造方面掌握不成比例的市占，很大一部分是因為臺灣中小企業比其他國家的競爭者更能回應全球需求。臺灣過去是，現在依然是社會學家韓格理（Gary Hamilton）所謂的「需求回應式經濟」(demand-responsive economy)。[1] 臺灣的公司當中，只有少數幾家以創造需求的能力聞名，也就是能夠自行開發新產品並行銷給消費者。大多數臺企的強項在於它們有能力提供商品給那些藉由設計、行銷與品牌經營創造出需求，但無法以市場可接受價格生產出成品的公司。

需求回應式產業必須迅速、靈活、獨立作業。這些條件通常很難結合。「速度」往往是品質的大敵。「靈活」往往意味著把「創新」與「變」，置於「穩定」與「可靠」之前。「可靠」需要有長期的合作關係，但「獨立作業」又代表合作關係並非固定不變。到底臺灣中小企業是如何找到方法，把這幾種特質融為一爐？

「規模小」是主要答案。大多數中小企業是由個別企業家，投入個人或家族資源成立的（或是結合家族的錢與向朋友借的錢）。合夥並不常見，合股公司少之又少。大部分公司起家的方式，類似序言裡介紹的福太洋傘——某個人拿出畢生積蓄，投入一項事業。典型的中小企業創辦人，沒當過工程師，也從不是MBA（企管碩士）學生，他們的技術是在工廠做工或是擔任學徒時習得的。一旦他（創辦人幾乎都是男性，不過妻子很可能在事業中扮演要角）學到入行所需的實用經驗，就會在塵土飛揚的鄉下小路口或城市裡髒亂的馬路口找一處空房子，開始打拚。「打拚」就是做完公司需要的每一件事，從把貨裝上卡車到簽合約，全包了。對這種「黑手頭家」來說，操作車床或縫紉機，就跟寫收據一樣自然。

成立一家小企業的風險高得嚇人，特別是在一九五〇年代、六〇年代與七〇年代的臺灣。中小企業的創辦人，其中大多數別無其他機會；他們想找務農或是到工廠做工以外的其他出路。鮮少有企業主出身於公務機關、教育機構或國營企業管理層這樣的白領階級，上述幾種工作更穩定、報酬更高，也比當黑手頭家更有地位。白領職業相當偏好錄用四九年過來的人，亦即二戰後才來到臺灣的外省人。許多臺灣本地人（家族數十年甚或數百年前就來到島上）或許也想進公部門工作，但不得其門而入，除了做小生意之外別無他途。造化弄人，等到商業取代公部門成為臺灣發展與榮景的驅動力之後，上述勞動分工反而讓許多臺灣本地人發展得比外省人更好，至少財務上如此。

中小企業創辦人在事業成長後仍繼續保留所有權，因而在臺灣創造出以大量小型家族企業為基礎的經濟。一九五四年，九九％以上的臺企，底下雇員不到百人；四十年後，比例則為九八％。[2]對於家族企業的偏好，多少跟文化有關：臺灣有一條金科玉律，即當老闆比幫人做事好。另有諺語云：「寧為雞首，不為牛後」，他們也奉為圭臬。傘王陳添福離開水果行安逸的辦公室工作，親力親為做雨傘。新名企業（歐洲售出的婚紗中，曾經每四套就有一套來自這間公司）創辦人兼董事長黃文仁則是辭掉了西北航空（Northwest Airlines）業務經理的穩定工作，經歷一連串的創業失敗，然後才成立了新名企業。無數臺灣人踏上他們所走的那條路。離開大公司、成立小公司的做法大行其道，一家家臺灣企業如分裂生殖般冒出，整個社會瀰漫著一股努力不懈的企業家精神——正是這些特質，創造出一個中小企業僱用全國八〇%勞動力，生產大多數出口商品的經濟體。晚至一九九六年，也就是第一批臺企開始遷往中國的十年後，中小企業仍是臺灣出口的主力。根據一項估計，在一九八〇年代中葉，公司註冊數跟臺灣成年人人數為一比八；一九八五年，雇員不滿三百人的公司占了全國勞動力的六二%，以及六五%的出口。[3]

還有一項文化因素強化了「做頭家」的傾向。歐洲的繼承規範，傳統上偏向集中、保有財富，也就是由長子繼承，其餘諸子自尋出路；但按照漢人傳統，祖產會在家父長過世後進行分配，不見得是立刻分配，但終將如此。父親所創造的財富總有一天要分配給兒子們，這樣的預期驅使人父為那一刻做足準備。

臺灣企業家多半不是把每個兒子安置在同一個公司法人實體（corporate entity）內工作，而是創立多個實體，有時候甚至是與本業距離甚遠的產業。比方說，陳添福多角經營，從製傘跨足鋁蓋、自行車輪輻與傘骨。「多角化」（diversification）——不一定只有直系親屬可以參與——也有其他好處。首先，多角化經營可以分散風險。一項事業失敗了，其他的事業可能發展良好；不用把全家族的雞蛋放在同一個籃子裡。不過，事業群之間無疑還是有關聯；事業群不會析產分立成完全獨立的法人實體，而是透過環環相扣的管理，以及（只要家父長還在世）父親的鐵腕領導而始終相連。

簡言之，臺灣中小企業的成長不是靠擴大規模，而是靠數量增生。中小企業往往在達到一定規模後，分巢出一間新公司，而不是讓原本的公司愈來愈大。不過，縱使管理去中心化，事業經營多角化，臺灣的中小企業創辦人始終緊緊抓住另一項關鍵生產因素：資本。無獨有偶，文化再度發揮影響力。傳統臺灣人家庭習慣共財，因此理所當然認為家族企業的收入是全家人都能運用的。每間公司的利潤，都可以作為事業群內其他公司的投資資本。分配上述資本，是家父長最重要的職責之一。資產與收入的分享，讓許多企業家得以為新創公司注資，也可以收掉不賺錢的公司，畢竟核心成員（也就是家族成員）很容易就能在事業群中找到其他職位，甚或乾脆在前景看好的產業開創新事業。

能夠收掉不成功的事業，是臺灣中小企業經濟的重要優點，畢竟「需求回應」必須有極大的靈活度始得為之。而也因為臺企十分靈活，以致它們常常在很短時間內成群投入新產線，新產品隨之大量湧向市場，進而拉低利潤——此一現象稱為「一窩蜂」。這種「生產去中心化」與「財務中心化」的組合，使臺灣企業家能先一步掌握新契機，不至於困在無利可圖的領域。

最成功的企業，也最能充分運用韓格理所謂的臺灣出口經濟「淘金熱」本質。[4] 加州淘金熱期間，那些販賣設備給人挖礦的公司，賺得比挖礦人本身多得多。同理，能夠在價值鏈上往高處爬、為生產提供資源的臺灣公司，比那些在價值鏈底端組裝成品的公司更能賺錢。福太洋傘創辦人陳添福之所以成為傘王，靠的不是組裝雨傘，而是生產雨傘零件。

福太洋傘是憑藉先驅優勢（以及前瞻管理）大發利市，等到製傘變成低利潤產業後，後來的企業就不再能有這樣的優勢了。大多數臺灣中小企業沒有成為女王蜂，而一直是工蜂群的一員。為了尋找能創造利潤的利基，它們必須迅速出手和離手。需求回應式製造業風險重重，機會也重重，而臺灣的家族式企業結構讓它們得以披荊斬棘，把通往成功的機率放到最大。

臺灣中小企業享有的另一項出口製造業優勢是企業的高生產力，而高生產力則建立在所有權人的自我剝削上。臺灣中小企業是由企業家自己，而非投資者經營的。除了管理與行政事務，企業主預期也會從事生產相關的工作，而他們同樣期待家人認真投入。家族企業的企業家不是用支付薪水的方式，而是用公司收益供養受僱家人，自我剝削的範圍也因此涵蓋所有家人。工資支出不高，也是因為代工業者不太需要行銷、業務人員，或是僱用管理人才。與其維持常設的業務部門，中小企業更偏好傾其資源，派代表到商展招商。

參展時共用一個攤位，既是臺灣中小企業之間跨公司合作的例子，也點出它們所分享的另一項關鍵資產：人脈。無論先後，無論是在臺灣還是在中國，臺灣製造業成功的核心皆在於關係——與同事和雇員的關係，與供應商和顧客的關係，與夥伴和競爭者的關係。塑造並維持上述關係的能力，使臺灣企業得以蓬勃發展，而這種能力根植於島上人際關係緊密的社會網絡。

韓格理在一九九六年寫道：

> 日本或南韓的大企業集團，結合數以千計規模各異的公司，透過內部協力，將研發成果與製造專業技術集中起來，生產出世界上數一數二的產品。這不難理解。不過，走在中臺灣灰濛濛的街道，看到家家戶戶圍坐在自家住商兩用宅的桌邊，路人看得一清二楚；或是在鄉下開車，看到小小的水泥房子坐落在稻田中央，就可以是間員工沒幾

個人的工廠——相較於日韓，實在很難理解在這些地方的人，怎麼有辦法生產出全世界五〇%電腦裡所使用的某個零件。臺灣的商業組織同時達到規模經濟與範疇經濟，之所以能夠如此，是因為它們運用臺灣密集社會網絡所蘊含的資源。[5]

韓格理接著描述中小企業所參與的兩種網絡類型。第一種網絡「家族企業事業群」，是以父系家庭為中心的獨立財務與生產網絡。我們先前已經談過同一家族企業事業群內部的公司如何合作，進而提升了中小企業的競爭力與發展。第二種網絡「關係網」，範圍則超過家人。關係網的基礎是共享某種身分認同，據此臺灣人得以訴諸互信與互惠等行為準則，達成高度的經濟合作。

親屬網與關係網重疊甚深，創造出極大的經濟效益。朋友之間的高度信任讓企業願意承受風險，冒險掌握超過其能力的機會。代工業者會在不確定自己是否能達到合約條件的情況下就簽約，因為它們擁有龐大的潛在夥伴網絡，可以調集資源，達到合約的要求。同理，它們也勇於向事業夥伴提供慷慨的財務與支付安排，因為它們相信自己能拿到錢。比方說，遠期支票是臺灣常見的借款型態——也因為太常見了，以致臺灣央行會制定遠期利率。寬鬆的支付期限，使企業有機會投入本來不可能有資金得以投入的生意，進而有助於將資本效率最大化。

以網絡為基礎的生產模式，把製程分解為一個個步驟，交由不同公司進行，讓各家工廠的工序保持簡單而專業化，將速度與品質提升到最高。之所以能用這種方式分解製程，得多虧臺灣中小企業的又一樣創新：群聚製造。參與特定生產鏈的企業，都會把工廠密集設在一起，聚集在最後組裝廠的周邊。由於臺灣面積小，加上土地使用條例寬鬆，生產者群體基本上想在哪設廠都可以，哪怕是鄉村或小鎮。鄉下土地與勞力便宜，有朝一日不需要工人的勞力了，工人也有其他收入來源可過活（主要是農業）。

那些林立於泰山鄉，為芭比縫衣服、做鞋子和「植」髮的的分包商，就是這段主旋律的一種變奏。它們圍繞著一間組裝廠設立，組裝廠本身不是中小企業，而是與外國公司合資的聯合企業，但組裝廠的功能也很典型——以保密的方式，在整段製程中從事一小段有限的任務。組裝廠把原物料送往一間間家庭工廠，各自完成負責的製程步驟後，再把東西傳遞到下一個製造階段。這種生產模式在今日臺灣依舊可見：二〇二〇年初，我在中臺灣的一戶人家裡，看到他們用一架工業縫紉機執行計件工作。

生產網絡幫助臺灣能同時駕馭「速度」、「品質」、「可靠性」與「獨立」這樣的棘手組合。一旦網絡建立，個別企業便能大大降低行銷需求，放心交由整個網絡來提供訂單。網絡既能降低風險，又能將創新發揮到極致，同時確保資本的取得。此外還有一項優點：網絡的密集程度，確保企業得以取得關於新產品、市場需求與製造技術等多方面資訊。臺灣的中小企業出了名的靈活——從甲產品跳到乙產品，不停更換設備，以滿足下一季的訂單。我們可以說，這種靈活的程度，泰半可以歸功於中小企業經濟的網絡特質。

一種特別重要的網絡類型是互助會。有些個人與企業本身的資產，無法滿足資金需求，這時互助會就成了正規信貸以外的另一種選擇。出口導向工業化期間，政府的信貸政策多半偏向大公司，迫使中小企業不得不仰賴非正規的融資來源，包括互助會。根據鄧穗欣的研究，在一九九〇年代之前的臺灣，私人企業得到的借款超過三分之一是由非正規信貸市場提供。[6]

互助會是邀請入會制的信貸社團，由個人在銀行與司法體系之外發起。因此，互助會完全有賴於成員之間的信任。會期通常數個月到數年，大致上有幾個會員，會期就有幾個月。期間，會員在每個月都要繳交一筆固定金額。標會有好幾種形式。有些互助會以抽籤方式決定每個月的得標者，此時的會就成了一種儲蓄手段。有些互助會標金的順序是固定的，選擇早標的人最後得比選擇晚標的人付更多的錢。有些會允許會員在會期中隨時標會，得標者要給其他會員一小筆利息。無論如何安排，互助會的重點都在集資，讓每一個成員都能取得一筆光憑他或她自己（許多會頭是女性）所存不到的資金。時至今日，大多數臺灣人都能取得銀行信貸，但還是有很多人參加互助會。互助會不要求信用證明或其他文件，只要管理得宜，就能成為需用錢時的儲備金。

當然，互助會有極大的漏洞：假如有人倒會或捲款潛逃，是沒有抵押物可以償債的——也就是完全沒有辦法避免投資泡湯，如果你打算等到最後才標會，損失金額恐怕相當龐大。整套運作有賴於信任，亦即以關係為基礎。就像群聚製造之所以可行，是因為臺灣社會網絡密集的特性，互助會也是。住在同一個地方的人天天見到彼此，認識彼此的父母和孩子，一起做生意，很難敢不履行互助會的義務。臺灣兩千三百多萬人口聽起來很多，但就社交上卻是個小世界。倒會的情況出奇罕見。

臺灣的中小企業經濟是發展互助會的完美環境。密集的社會網絡與緊密交織的商業網絡，使互助會成為集中資源的安全途徑，而當年光是小筆資金的挹注，就能對企業參與出口製造業的能力帶來決定性的影響。正因為企業能夠參與全球經濟，臺灣的生活水準才會在那數十年間迅速提升，進占全球人均收入排名高位。企業的小規模亦有助於保持相對平等的財富與收入分配。

認識到中小企業經濟的缺點也很重要。自我剝削（以及對家人的剝削）依舊是剝削。數百萬臺灣人在艱苦的條件下勞動，把新建立的經濟安穩推遲到未來再享受。熊秉純寫道，在臺灣獨特的資本生產型態下，人們往往期待（其實是要求）婦女操持所有的家務與育兒，還要在所謂「客廳即工廠」的環境裡為少之又少的薪水而勞動，甚至根本沒有薪水。[7]

臺灣寬鬆的土地使用分區法規，意味著工廠有可能坐落在住宅區，某些工廠甚至處理危險或有毒材料。小工廠排放的汙染破壞了農地，造成當地民眾生活條件惡化。公寓房子的住戶，被迫忍受鄰居機器開動的噪音與髒汙。再者，不見得每一家中小企業都能成功；新名企業的黃文仁，絕非唯一經歷過失敗的企業家。其實，相較於後來取得的成就，他過去一次次的破產更貼近常態。即使如此，中小企業仍是臺灣出口導向發展的心跳。它們的能量，打造出全球第十七大貿易經濟體。

中小企業遇見跨國公司

總之，臺灣運作的情況如下：任用其緊密社會網絡成員為雇員的家族企業，充分利用政府政策——讓私部門在製造業下游自由發揮，同時維持國家在上游的力量，以確保產業得到穩定的資源灌注。這些元素與西方的開放市場結合起來，使臺灣的中小企業得以成為世界上最具活力與競爭力的一群。但光是這樣，還不足以讓臺灣製造業者在事業上走得長遠。

臺灣中小企業是以純粹的代工業者起家，根據國外客戶的設計，完成簡單的物品。它們靠著成本管控，彌補低技術之不足。以家族為基礎的網絡讓薪資支出保持在低點，多角化經營路線將勞工與設備的閒置時間減到最少。然而，當臺灣愈來愈富裕，勞務成本也隨之水漲船高。同時，臺灣人也開始要求更好的勞動條件與環保。「黑手頭家」希望自己的孩子念書，而非做工。同時，隨著製造技術逐漸提升，客戶對於產品品質與物流效率的期待也在提高。臺灣企業不得不持續升級經營方式，才能跟上製造業愈來愈複雜的環境。上述的發展過程，對臺灣公司及其外國客戶都有重要影響。

臺灣企業與客戶的關係在許多層面受到產業升級影響而有所改變。首先，企業技術水準提升，因此能為自家製造的產品貢獻更多知識性內容。福太洋傘就是這種轉變的好例子。愈來愈多公司開始製造雨傘與雨傘零件時，福太則是將經營模式升級，從OEM專業代工轉型為ODM設計代工，保持其領導地位。專業代工的包商僅僅根據客戶提供的規格進行生產，但設計代工業者不只如此。專業代工企業把研發納入其營運模式。它們為客戶提供設計服務，淘汰舊產品，創造新產品。對福太而言，這意味著發明新的雨傘設計——例如多折、自開、自收——同時提供附加價值更高的零件，供其他公司組裝。在這樣的過程中，福太成為Totes等外國事業夥伴的專利技術主要來源。

產業升級也讓臺灣代工製造業者與外國客戶之間關係變得更緊密。產品品質、可靠性與技術成熟度的提升，使臺灣成為黃長玲與林錫俊（Suk-jun Lim）口中跨國公司「不可或缺的夥伴」。[8]成為夥伴，代表臺灣企業不只在價格上有競爭力，在產品及其提供的服務品質與穩定度上也同樣具競爭力。夥伴關係讓臺灣企業在日益全球化、高度競爭的製造業大環境中有了一塊喘息空間。美國運動鞋巨人Nike跟臺灣代工業者寶成與豐泰之間的緊密鏈結，就是這種夥伴關係的一個好例子。

鞋子是臺灣最早的製造出口商品之一。「臺灣區塑膠鞋類工業同業公會」成立於一九六八年，距離臺灣開始轉往出口導向工業化並不久。一九七〇年，島上約有七十五家登記在案的製鞋企業，而這個數字在接下來十年成長近十倍，然後在一九八八年達到顛峰：一二四五家。[9]到了一九七〇年代中期，臺灣在美國鞋類市場市占率超過四〇％。美國製造業者動員起來，保護自己的市場，聯邦政府因此在一九七七年限制來自臺灣與南韓的鞋類進口配額。對抗華盛頓的保護主義措施，即是臺灣各家公司在一九七八年成立更全面的「臺灣製鞋工業同業公會」的主要原因。

一九六二年，奈特（Phil Knight）萌生從日本進口高品質跑鞋的想法。在他昔日田徑教練與日本供應商的協助下，奈特的創新設計成為專業跑者趨之若鶩的產品。奈特最大的革新，在於他決定不設立製造廠房，而是把公司所有的生產盡數外包，公司只負責設計與行銷。一九七一年，奈特僱用代工廠製鞋，打上新的品牌名稱——Nike。在日本生產的成本節節上升，於是在七〇年代末，Nike已把代工製造轉往臺灣與南韓。一九八二年，Nike的運動鞋有八六％是在臺灣與韓國生產的。一九八三年，Nike開始與臺灣的寶成公司簽約合作；成立於一九六九年的家族企業寶成，早在一九七九年便開始為德國運動鞋品牌 Adidas 代工了。

對於委外生產的公司來說，追求降低成本是常見的行為，但成本並非它們唯一考量的變因。Nike 的商業模式固然重視成本，但其他環節的重要性也不亞於此。對 Nike 來說，運動鞋是時尚產品，因此其市場是專家所謂的「設計敏感市場」(design-sensitive market)。在設計敏感市場中，代工業者必須以高品質水準，在緊湊的時程內，生產出眾多不同的式樣——同時不能將設計情報洩露給競爭者（包括低品質、低價位的「仿冒」業者）。若要滿足設計敏感市場的需求，就少不了可靠的勞工、睿智的管理，以及品牌公司與代工業者之間的緊密關係。

一九八〇年代，中國開放貿易與投資，Nike 也正是在此時發現了上述特質有多麼重要。中國才剛經歷數十年的低度成長與緩慢發展，因此各項成本都很低廉。國有企業急著跟外國品牌結盟，希望為中國帶來工作機會、金錢與技術。儘管如此，經過四年的努力，Nike 仍是放棄直接外包中國企業的做法。中國公司無法達到 Nike 要求的品質、速度、穩定與保密。在設計敏感市場中，低成本恐怕會帶來高代價。

經歷在中國令人失望的嘗試，Nike 強化跟臺灣與韓國供應商的關係。臺韓業者的生產模式勝出了，但它們的勝利卻不長久；價格壓力只是暫時擺脫。一邊是客戶對於低價的要求，另一邊則是勞工對於加薪的期待（一九八〇年代臺灣薪資年增率高達一〇%），使得在臺生產成本不斷攀升，連最優秀的製造業者也免不了遭到夾殺。當時的臺灣是全球頂尖製鞋供應商，鞋類是臺灣第三大出口項目。誰知不到五年，製鞋工廠都不見了——全都搬到中國了。

1 Gary G. Hamilton and Cheng-shu Kao, "The Asian Miracle and the Rise of Demand-Responsive Economies," in *The Market Makers: How Retailers Are Reshaping the Global Economy*, edited by Gary G. Hamilton, Benjamin Senauer, and Misha Petrovic (Oxford: Oxford University Press, 2011).

2 Wan-wen Chu, "Industrial Growth and Small and Medium-sized Enterprises: The Case of Taiwan," Academia Sinica, accessed November 24, 2020, http://idv.sinica.edu.tw/wwchu/SME%20TW.pdf, p. 25.

3 Tyler S. Biggs, "Heterogeneous Firms and Efficient Financial Intermediation in Taiwan," in *Markets in Developing Countries: Parallel, Fragmented, and Black*, edited by Michael Roemer and Christine Jones (San Francisco, CA: ICS Press, 1991), 169.

4 Gary Hamilton, *Patterns of Asian Capitalism: The Cases of Taiwan and South Korea*, Working Paper Series no. 28, Program in East Asian Culture and Development Research (Davis: University of California, Institute of Governmental Affairs, 1990), 18.

5 Gary G. Hamilton, "Organization and Market Processes in Taiwan's Capitalist Economy," in *The Economic Organization of East Asian Capitalism*, edited by M. Orru, N. Biggart, and G. Hamilton (Thousand Oaks, CA: SAGE, 1996), 257–258.

6 Shui-yan Tang, "Informal Credit Markets and Economic Development in Taiwan," *World Development* 23, no. 5 (1995): 845.

7 Ping-Chun Hsiung, *Living Rooms as Factories: Class, Gender, and the Satellite Factory System in Taiwan* (Philadelphia, PA: Temple University Press, 1996).

8 Huang Chang-ling and Suk-jun Lim, *Globalization and the Corporate Strategies: South Korea and Taiwan's Footwear Industries in Transition*, paper presented to the Annual Meeting of the American Political Science Association, Philadelphia, Pennsylvania, 2006.

9 Lu-lin Cheng, *Embedded Competitiveness: Taiwan's Shifting Role in International Footwear Sourcing Networks*, Unpublished PhD thesis, Department of Sociology, Duke University, 1996.

第五章

一九九〇年代：從做雨傘到做iPhone

一九八〇年代，中國的開放是件新鮮事，帶著一點躊躇與一點實驗性質。許多西方人認為，一九八九年的天安門事件似乎為這場實驗畫下句點，但他們錯了。三年後，鄧小平用「南巡」釋出訊號，昭示政府恢復改革開放的決心。西方投資者接收到訊號，趕忙回到中國，開啟中國經濟開放的新階段。一九九二年，情勢已明白無疑：經濟改革（包括大力推動出口製造業與招徠外國投資）在中國將持續下去。這顆定心丸不僅掀起了第二波臺灣投資人瞄準中國商機的浪潮，也使中國及其主要外國投資人——尤其是臺商——站上全球化的舞臺。

中國經濟轉型，令昔日推動臺灣經濟奇蹟的中小企業重獲新生。但臺灣政府高層擔心，中小企業迫不及待把產線搬到中國，恐怕會危及臺灣在經濟與政治上的獨立性。更令人憂心者是新一波的跨海投資，由位於生產鏈高處的公司所主導，包括高科技企業，它們已取代島上迅速消失的傳統製造業公司。本章的後半段將探討臺灣高科技產業發展，但在那之前我們需先停步思考，梳理一下臺灣的政策制定者如何對臺灣企業轉往中國發展的熱潮做出回應。

一九九〇年，臺灣政府撤銷了直接投資大陸的禁令；一年後，當局廢止了一九四〇年代因應兩岸分隔局面而施行，但如今已經不合時宜的《動員戡亂時期臨時條款》。臺灣商界極為看好中國成長帶來的機會：到了一九九六年，對陸投資總額已將近臺灣國內生產毛額的五％。[1]對陸投資合法化，讓投資人看到了可能性，開始呼籲更自由的投資環境。事實上，投資人熱切的程度，甚至讓行政院長連戰指控北京當局動員臺商施壓臺灣政府——接下來數十年，各黨各派的政治人物還會一再提出這項指控。

臺灣的經貿官員面對商界的滿腔熱血不願意就此讓步。他們認為，若變得過於依賴中國經濟，將成為臺灣在政治上與經濟上的雙重風險。經濟風險顯而易見：假如國家就是靠著製造業爬上世界各經濟體的頂層，變成離岸製造豈不危險？但政治風險有哪些呢？

中國內戰雙方國民黨與共產黨，都認為統一的中國裡要有臺灣。國民黨的計畫是以臺灣為反攻大陸的跳板，中國共產黨的計畫則是發展出能以武力「解放」臺灣的軍隊。到了一九七〇年代，顯然雙方皆無法擊敗對方，但雙方政府所想像的依舊是個統一的未來。不過，一九八〇年代晚期開始，臺灣的政治制度迅速民主化，國民開始質疑「統一」。甚至有人倡議臺灣獨立建國，徹底擺脫「中華民國」的標籤。

中華人民共和國政府決心阻止臺灣被承認是一個獨立國家，以言行明確表示將動用武力，不讓這種結果出現。至於「統一」，北京的態度同樣認真，只是沒那麼迫切，願意等待時機成熟，但這不代表中國領導人不會把握機會促成這樣的時機。兩岸經濟整合以及必然隨之而來的民間交流，正是中華人民共和國期待的潮流，認為這有助於催熟統一的條件。

中華人民共和國努力招攬臺灣投資人的做法，同時具備經濟與政治動機，臺灣領導層對於跨海投資勢頭的不自在同樣因為如此。李登輝總統擔心資源迅速移往中國將造成嚴重經濟後果，但李登輝與幕僚也擔心過度依賴中華人民共和國經濟，將導致臺灣難以承受北京的政治壓力，包括被逼上談判桌終結兩岸的政治分立。儘管李登輝當時仍支持終極統一，但他堅決反對按照北京的條件統一。

一九九一年，臺灣政府通過管理辦法，要求超過一百萬美元的投資須得到政府核准始得為之，並限制不得投資於非勞力密集製造領域。然而企業仍不斷移出，甚至連位在價值鏈與製造鏈高處的公司，也跟著下游組裝廠的腳步前往海峽彼岸。一九九二年，中國解除禁令，允許外資（包括臺資）公司在中國生產個人電腦產品。這項決定有如一簇星火，點燃臺灣電腦公司投資中國的燎原之火。

隨著愈來愈多（以及愈來愈有價值）的製造業活動轉往海峽對岸，臺灣的經濟學家開始擔心跨海峽投資恐將掏空本土製造業領域。為因應這種焦慮，李登輝總統採取一系列政策措施，旨在減少臺灣資金、技術與人才流向中國的情況。一九九四年，他提出「南向」政策，鼓勵臺灣企業投資東南亞。李總統主張，對馬來西亞、菲律賓、印尼與泰國的投資，既能讓臺灣取得維持競爭力所需的低工資製造業平臺，又能免於在中國投資必然會帶來的政治風險。

南向政策確實提升了臺灣對東南亞的投資，也推進了臺灣的外交目標，但對於扭轉對陸投資趨勢卻幫助甚微。臺商持續把大部分的投資導向中國——明明他們在中國根本沒有正式地位，也得不到任何保護，更別說得到政府的財務援助了。一九九四年，臺灣經濟部調查發現，未來幾年內計劃投資東南亞國家的臺灣企業不到二〇%，但計劃投資中國者卻有將近五〇%。[2]等到東南亞貨幣危機在一九九七年爆發，李登輝的南向政策形同胎死腹中。為了減緩兩岸投資成長的步調，李登輝轉而訴諸更強力的手段。

一九九六年三月，李登輝贏得臺灣第一次的總統直選。人氣極高的他，在四組人馬參選的情況下仍囊括半數以上選票。大部分臺灣人跟李登輝一樣憂心跨海投資的風險，但他們也知道不能忽視中國的經濟商機。從此以後，這種矛盾的心態就在臺灣政局留下烙印，明顯可見於李登輝、陳水扁、馬英九與蔡英文等歷任總統的政策。

一九九六年大選結束的六個月後，李登輝推動另一項旨在減緩對中國投資速度的新政策：「戒急用忍」。這項政策撤回本來放寬投資限制的做法，並規定高科技業與基礎產業投資需經政府審核通過。這項政策限制了臺灣上市公司可以對中國投資的規模，並規定個人投資上限為五千萬美金。一九九七年，李登輝政府頒布進一步限制投資的新條例——許多公司則透過第三方投資加以規避。李登輝政府施壓臺灣最大製造商與第一大企業台塑，想要迫使台塑放棄中國南方一座電廠的興建合約（價值將近四十億美元）。儘管如此努力，核准投資總額仍沒有大幅下降。

台塑投資中國發電事業一事，反映出李登輝為何對兩岸經濟關係發展趨勢感到不安的另一個重要原因：到了一九九〇年代中期，投資對岸的風潮，已從傳統中小企業製造商蔓延到臺灣的上游大企業。中小企業的創業投資，資金主要來自正規信貸市場之外，對整體經濟造成的風險最小。它們起起落落，臺灣的中央政府既不會歌頌也不會哀悼它們。小企業遷往中國，算不上嚴重損失，何況若是經營得好，其成長還能帶給臺灣各種好處：為臺灣經理人才創造就業機會、取得研發投資、帶來勞務合同，以及將利潤與稅收帶回臺灣。

台塑等大企業卻是另一回事。它們以基礎資源與物流服務供應者身分，與出口製造業領域緊密連結，但它們也是臺灣「頂層」經濟的一環，對這座島嶼的繁榮貢獻卓著。大企業投資海外已有一段時間（台塑從一九八〇年代初期就在美國設廠），但對臺灣政府來說，大企業是出口導向製造業榮景的基石。大企業也要將組織轉移到對岸的可能性，拉響了政府腦中的警鈴，但規劃政策反制潮流又談何容易。

總之，臺灣企業往中國發展，背後的政治與經濟意涵相當複雜。電子零組件組裝與傳統製造業大同小異：這類公司製造的產品本身雖是高科技，但製造過程卻是勞力密集，也不需要高深的技術實作知識。赴中國發展使這些公司更具競爭力，還能為臺灣生產的高附加價值零組件開拓市場，因此對臺灣經濟整體而言是正面的。事實上，臺灣從這種三方貿易中獲益甚豐，以致它在一九九〇年代晚期還積極支持中華人民共和國加入世界貿易組織（World Trade Organization，簡稱WTO），這樣的立場甚至延續到民進黨籍總統陳水扁執政時期。儘管如此，疑中派的《台北時報》（*Taipei Times*）在二〇〇〇年五月刊登的社論，深刻描繪了臺灣人的矛盾心情：「永久性正常貿易關係（Permanent Normal Trade Relations status, PNTR）與加入世界貿易組織當然能為中國及其貿易夥伴帶來經濟利益，應該要歡迎才是。

但我們不該以為兩者是萬靈丹，畢竟許多政治與國安問題仍有待解決。」[3]

陳水扁在二〇〇〇年三月當選總統。由於一九四五年以來都是國民黨執政，身為民進黨黨員的陳水扁當上總統，也讓他成為第一位非國民黨籍的臺灣總統。成立於一九八六年的民進黨有著兩大使命：一是爭取民主，二是把臺灣本身的發展，置於國民黨以中華民國名義統一中國的目標之上。儘管民進黨對中國的懷疑態度，以及強烈傾向維持兩岸分立（甚至是獨立於中國之外）的立場人盡皆知，但陳水扁在一九九九年發表的競選政見中，對兩岸經濟發展的態度，卻比兩位出身國民黨政治機器的競爭對手還要友善。

陳水扁希望用經濟合作與貿易，在臺北與北京之間建立更正常的關係。他提倡開放海空直航（跟進中國葉劍英首先提出的「三通」（通商、通航、通郵）），簽署《兩岸投資保障協議》，並與中國互設代表處。他也在就職不到一年後便批判李登輝的「戒急用忍」，提出「積極開放，有效管理」口號，表示臺灣應加速提升兩岸經濟關係，過程中政府則維持一定程度的監督。陳水扁就任之初，就同意中華人民共和國的一項重大要求：授權私人組織代表政府機關進行協商。他也放寬了投資限制。總而言之，後來雖然有人指控陳水扁與兩岸經濟發展為敵，但事實遠非如此。

陳水扁執政時，兩岸經濟關係發展的步伐猛然提速：根據臺灣政府統計數字，兩岸貿易額在陳水扁第一任任期年平均增長五〇%。事實證明，「有效管理」遠比「積極開放」困難得多。四年內，中國成為臺灣最大的出口市場，有一部分原因在於雙方找出變通辦法降低了運費，因而能不受沒有直航的影響。陳水扁於二〇〇八年卸任時，兩岸的貿易規模已是二〇〇一年的九倍。更加耐人尋味的是投資動向。中國加入世界貿易組織之後，投資一度短暫大增，但後來其實就開始下降。問題不在臺灣身上——臺灣政府核准了許多新投資——而是中國的商業環境使然。

二〇〇〇年的網路泡沫危機，以及二〇〇一年兩岸幾乎同時加入世界貿易組織，這兩件事情加劇了臺灣企業承受的壓力，必須進入中國市場以降低其成本。無論是中華人民共和國政府，還是國民黨占多數的立法院，皆無意與陳水扁合作建立有效管理機制，因此扁政府時期對陸貿易迅速成長，基本上是在政府權力所及範圍外發生的。幾年來努力重振臺灣下滑經濟的陳水扁，經一事長一智，在二〇〇四年展開第二任總統任期後不久，便把原本口號的形容詞對調，變成「積極管理，有效開放」。

臺灣電子業崛起

無論是李登輝還是陳水扁，其實都不太擔心夕陽產業轉往中國。到了二〇〇〇年，情況已然相當清楚：臺灣的傳統製造業者如果還留在臺灣，絕不可能像現在在中國這樣，欣欣向榮。兩人之所以不介意看到傳統製造業從臺灣出走，還有另一個原因：臺灣的經濟組成已在一九九〇年代發生鉅變；不再由低技術的代工生產所主導，而是成為高科技火車頭。二〇〇〇年時，臺灣擔心會流失到中國的企業，並非做玩具與做雨傘的企業，而是生產積體電路與電腦硬體的企業——臺灣政府對這兩項產業投入了龐大的資源。臺灣產業結構的改變，是李登輝與陳水扁試圖減緩製造業湧向中國發展的重要動機。

臺灣的高科技革命醞釀了數十年。一九六〇年代，外國投資人開始把收音機、電視與小電器外包給臺灣企業生產。一九七〇年代，臺灣政府設立以扶持高科技產業為宗旨的機構。一九八〇年代，政府高層專注強化臺灣科技力量與創新能力。臺灣政府以充滿活力的中小企業傳統與公私合作為基礎，協助私人企業成為各種高科技產品的供應商，從半導體、主機板到筆記型電腦一應俱全。即使臺灣傳統製造業往海峽彼岸蜂擁而去，資訊科技革命仍持續為根留臺灣的製造業者創造新機會。一九九〇年代，電子與資訊科技（information technology，簡稱IT）產品所占的臺灣出口份額成長將近兩倍，從一一％提升到二一％。

臺灣電子業包括兩大領域。兩者發展大致同時並進，但其發展軌跡無論在臺灣還是在中國，都有相當的差距。從事專業電子代工服務（electronics manufacturing services，簡稱EMS）的公司，是專門為品牌公司打造、組裝電子零組件與裝置。臺灣的電子代工領域包括舉世聞名的鴻海／富士康與宏碁等公司，但從許多角度來看，它們都是臺灣傳統製造業在資訊科技時代的延伸。臺灣的另一塊高科技領域，則是專注在製作電子裝置的腦細胞，也就是半導體與積體電路（integrated circuit，簡稱IC）。對於臺灣經濟乃至於全球經濟而言，這類企業（包括生產全球半數以上半導體的台積電在內）是全新的經濟現象。

電子代工企業鴻海，是所有臺灣企業中媒體關注度最高的——正面或負面新聞皆有。正面的報導主要著重在公司驚人的成長，以及它作為蘋果與其他知名電子裝置品牌關鍵供應商的戰略地位（二〇一二年，摩根史坦利〔Morgan Stanley〕估計蘋果的產品有六五％由鴻海代工）；二〇二〇年，鴻海占全球消費性電子產能約四〇％。負面報導則起源於二〇一

○年的自殺潮：當時，深圳的巨型廠區「富士康城」至少有十四名工人跳樓自殺。

當年，富士康是中國最大的私人雇主（一直到二○二○年都還是如此），有一百多萬名工人，也是全球最大電子裝置供應商。這間公司占了中國出口總值的將近四%。[4]富士康的爆炸性成長，靠的是一條條流水生產線，生產線上的工人白天索然無味地勞動，晚上則在廠區內的宿舍消磨時間。接連發生的多起自殺事件，讓勞權人士警覺到廠區惡劣的環境，甚至有一名《連線》（*Wired*）雜誌的記者自忖：「我這支iPhone是不是害死了十七條人命？」[5]

富士康深圳廠的環境在許多美國人眼中相當苛刻，但幫公司緩頰的人則指出，廠區的條件已比一大堆中國工廠好得多。外人覺得封閉桎梏的食堂與宿舍，其實是為了讓富士康工人（許多人從很遠的地方來為公司工作）能在工作地點附近找到安心、可負擔的食物與住宿。工時雖長，但許多工人渴望靠加班額外掙錢。一年十四起自殺看起來好像很多，但出事的廠房僱用約三十萬勞工，算下來的自殺率比中國全國平均還低。

為回應非政府組織（NGO）與消費者的施壓，蘋果與富士康提出改革計畫，旨在改善勞動條件，但兩家公司依舊被勞權組織緊盯不放。二○一九年，總部設於紐約的監督機構

「中國勞工觀察」（China Labor Watch）發表報告，稱富士康鄭州iPhone廠違反中國勞動法。蘋果否認報告中的諸多說法，但蘋果與富士康也承認有若干違法情形。從指控內容可以看出，外部壓力對於改善富士康勞動待遇確實有效：二〇一九年報告主要的指控並非公司導致工人自殺，而是富士康有太多臨時工，付的加班費又太少。兩家企業巨擘迅速回應，承諾改善這些問題，顯見它們對這種批評有多敏感。[6]

對於自己的公司因為自殺潮而家喻戶曉，富士康創辦人郭台銘想必不好受。但如同前面提到那位深刻反省的《連線》雜誌記者所說，到了二〇一〇年，富士康已成為「全球化的鉅富化身，並且切身感受到國際目光嚴格審視的壓力」。對大多數國際觀察家而言，富士康是高科技經濟付諸實踐的見真章之地，若要在這裡達到市場對最新電子產品的需求，就意味著有成千上萬無名中國工人要辛苦加班。但對臺灣人來說，富士康的國際能見度卻有不同意義，既是一段功成名就的故事，也是一段警世寓言，提醒人們就連在中國最成功的臺灣公司，也免不了哪些風險與危機。

由於外商直接投資（foreign direct investment，簡稱FDI）的關係，臺灣公司在一九六〇年代首次獲得製造電子產品的經驗。臺灣人在外資與合資工廠中工作，學會如何組裝收音機、電視、計算機等裝置。臺灣人對微型化（miniaturization）與視聽播放設備的精通，使他們可以駕輕就熟地製造電子遊戲機、顯示器與個人電腦等次世代電子裝置。儘管外資在臺灣電子業早期階段舉足輕重，但由於進入市場的成本並不需要太高，因此到了一九八〇年代之初，臺灣私人資本已將電子業推向臺灣出口領域的頂端。

電子代工在生產模式上與臺灣傳統製造業的做法有許多相似之處。電子代工公司為外國品牌做代工，生產方式跟傳產製造業者差異不大。傳產製造業者強調提高效率、減少成本，並善於利用廠房位置相鄰的供應網絡，使個別企業能各自專精某項特定任務，同時確保零組件順利運交至最終組裝——這種模式相當適合現代電子業模組化的特性。跟製作跑鞋的代工廠一樣，臺灣電子裝置製造商同樣是利用分拆的生產網絡來維持靈活度，以跟上市場快速變化的腳步。另外，也跟 Nike、Totes、美泰兒一樣，IT（資訊科技）品牌同樣必須要有可以信賴的供應商，能在短促的製程週期內，生產出高品質的商品，同時守住專利情報。臺灣企業再次不辱使命。

而臺灣高科技製造業者之所以往中國發展，原因也跟傳統製造業者並無二致：需要降低成本。第一波業者生產的是低附加價值的產品，例如滑鼠、鍵盤與主機殼。接著，電源供應器與掃描器業者在一九九〇年代中期轉往中國，過幾年則是主機板與桌上型螢幕業者。等到臺灣政府在網路泡沫化後放寬對高科技企業的投資限制時，筆記型電腦商也開始把組裝工作轉往中國。一九九二年時，臺灣電腦硬體製造商有九〇%的產出是在本土生產；三年後，數字落到七〇%，中國所占的份額則在上升。[7]

情況與傳統製造業相同，一旦勞力密集的組裝工作轉往境外，靠近供應鏈上游的企業也會隨著組裝廠前往中國。希望貼近顧客群的這種需求擋都擋不住。經濟學家鍾琴在一九九七年發表的論文中提到（此時臺灣電子裝置製造商開始遷往中國才五年左右），「從這股外商直接投資源源不絕注入中國的趨向來看，臺灣的資本、管理手法及專業代工（OEM）聲譽，與中國土地、勞力之間的密切生產合作，似乎已是無法逆轉的未來趨勢。」[8]鍾琴說，此一趨勢讓臺灣個人電腦（personal computer，簡稱PC）產業面臨何去何從的十字路口。

鴻海／富士康創辦人郭台銘的經歷，是典型臺灣中小企業的成功故事——內含轉型為高科技業的曲折情節。郭台銘生於一九五〇年，在二十四歲那年以七千五百美元為創業基金成立鴻海，員工不多。他就像眾多臺灣中小企業老闆一樣，以塑膠射出成型起家。郭台銘雄心勃勃，頭腦聰明，更是個優秀的業務人才。一九七〇年代初期，他發展出一項專長，專門替電器製作塑膠旋鈕。他供應零組件給電子遊戲機廠商雅達利（Atari），並且透過一次為期十一個月、堪稱傳奇的美國業務之旅，將許多美國電子公司納入客戶群。郭台銘帶領公司經歷一段驚人的成長期：從一九九五到二〇一〇年，除去其中四年，鴻海銷售額年年成長超過三〇%。

一九九一年，郭台銘為了增資擴大在中國的營運，於是在臺灣證券交易所將鴻海上市。他選擇在廣東省新興城鎮深圳附近的村子成立中國總部，以富士康（Foxconn）作為商標名稱。郭台銘在中國廠區進行製程改良，希望將效率極大化和大幅度削減成本。富士康最有名的就是以巨型廠房容納垂直整合製程，在廠區內將最初階的元件（郭台銘仍在做塑膠模具生意）與模組化零組件合為一體——有些零組件也是富士康自己生產的，有些由其他企業提供。

提到「富士康」這個名字，令人腦海裡不禁浮現的畫面或許是年輕婦女站在無休止的流水生產線旁焊接 iPhone（這種情況的確存在）；但富士康不光是二十一世紀版的血汗工廠，這家公司也從事大量的研發工作，廠內僱用優秀嫻熟的工具匠與工程師，不斷調整、精進製程。二〇一四年，在全球各家公司當中，富士康是美國專利數量排行榜上的第十八名（也是當時臺灣第一，後來台積電在二〇一七年超車，成為臺灣排名第一的專利申請者）。郭台銘從事高科技製造業的方法成果豐碩又兼具原創性，《彭博商業週刊》（*Bloomberg Businessweek*）甚至將他譽為「亨利・福特再世」。

富士康已站上電子裝置製造業的頂峰。二〇一六年初，郭台銘以六十多億美元的價格收購夏普（Sharp）：日本一家龐大但經營困難的電子製造業者。這項收購案是歷史上外資收購日本科技公司的最大交易案，顯示了郭台銘的自信與霸氣。這筆交易也幫助富士康鞏固了身為蘋果第一大供應商的地位。郭台銘收購夏普的目標之一，在於提升富士康產品的多樣性，同時自主生產更多零組件——假如要打造附加價值、提升利潤，自主生產是不得不然的一步。夏普在電子顯示科技方面有一日之長，這樣的收購標的有助於富士康建立智慧財產。收購之後，夏普從年復一年的疲軟表現恢復獲利，其他臺灣企業也從中得到啟發，開始考慮併購日本公司。

郭台銘和傳統產業的前輩一樣，深諳以代工生產獲取最大盈利之道。過程中，他憑藉提供優秀的服務與附加可觀的價值，從而對客戶握有一定影響力。蘋果若想大規模推出新產品，同時絕不影響品質，並保持成本競爭力，就必須仰賴富士康。不過，儘管富士康是業界翹楚，其淨利率卻很低；富士康的優異表現為蘋果帶來巨大財富，帶給自己的進帳卻遠遠不及。二〇〇八年，蘋果淨利率為二〇%，更在二〇一二年提升到三〇%。同時間的富士康，淨利率卻是從二．七%掉到一．五%；銷量翻倍，但淨收入卻增加不到五〇%。二〇一二年，製造一支售價六百多美元的手機，富士康預估可以賺得八美元。富士康在自己的市場利基表現優異，但公司至今仍未以自己的名字為品牌銷售商品。

臺灣電子裝置製造商大多為國際品牌代工，但也有少數企業逆代工潮流而行。宏碁是臺灣最知名的個人電腦品牌；自二〇〇〇年以來，宏碁（Acer）一直位居全球個人電腦市占率的前五名。宏碁是為美國ＩＴＴ公司做不含設計的專業代工起家，但當個人電腦產業開始起飛，宏碁也開始以自有品牌銷售電腦，將製造部門獨立出來成為一家新公司。宏碁的代工經驗當然是它在這條路上走得比較輕鬆的原因，但另一個很重要的原因是，個人電腦產業的規格以ＩＢＭ為標準，使用Intel處理器與微軟的作業系統。正因為有這些開放的標準，宏碁才能緊接在康柏（Compaq）發表史上第一款按照ＩＢＭ標準打造的個人電腦後不過一年，將自家同樣相容於ＩＢＭ標準的個人電腦品牌打入市場。華碩（ASUS，創辦人為前宏碁工程師）則是另一個重要的臺灣高科技品牌。

電子代工革命為臺灣的製造業領域帶來新一波契機，但是，其他產業在代工生產上遭遇的痛苦限制，電子業同樣易受其害。電子代工廠在供應鏈上位置居中，附加價值相對稀少。進入門檻低使臺灣廠商得以投身電子業，但其他國家想從事這一行的廠商同樣能輕易進場——近年來，蘋果開始把生產分散給各家電子代工廠，大多數是臺商公司，但也有中國企業。激烈的競爭，導致電子製造業者在面對客戶時幾無議價能力。即使是非常成功的電子代工企業，其淨利率仍極低，一切買家說了算。這個領域的成長很大一部分有賴低價電子裝置，但「低價」又進一步壓縮了製造商的空間。富士康關係企業富智康（FIH Mobile）為小米、華為等中國大品牌生產手機，而這兩個品牌都主打價格，壓榨供應商不手軟。

儘管電子代工這個產業並不好做，臺灣公司依舊找到方法將影響力極大化，同時維持獲利——其一是利用中國的低成本環境，其二是精進傳統製造業者維持生存的策略，尤其是臺商推動的製造業群聚模式。臺灣電子業兩大聚集地為珠江三角洲（富士康所在地）與長江三角洲一帶，尤其是昆山。不過，富士康與電子代工企業已經開始把廠房往中國內陸搬遷，那裡的地方政府仍願意提供優惠條件以吸引新的投資，而且工人薪資也較低（富士康的勞務成本據傳在二〇一〇至二〇一五年間翻了一倍）。與此同時，臺灣電子代工企業也開始擁抱自動化，以減少薪資支出。

臺灣電子代工產業與傳統臺商製造業相呼應的另一特色，在於電子代工企業也強調品質、靈活變通與合作。Nike與蘋果的產品雖然表面看來大不相同，但內裡卻有許多共通點。兩者皆是品牌翹楚，因此消費者期待它們提供可靠的品質與優異的服務。它們的產品更新速度很快，而且每次新產品的推出都是一場所費不貲、精心安排的盛會。當麥可・喬丹（Michael Jordan）踏上最新款Air Jordans的發表舞臺，或是賈伯斯（Steve Jobs）為媒體開箱新一代iPhone時，臺灣代工業者正在加緊趕工，確保明星代言人宣傳吹捧的產品能準時出現在店裡。不管是跑鞋還是平板電腦，設計方與製造方之間必須頻繁互動、高度合作，才能完成一而再再而三的產品升級與設計變更。臺商公司這方面的強項，使它們得以在某些競爭激烈的產業中，保持可觀的市占率。

臺灣電子代工企業對中華人民共和國經濟貢獻厥偉。多虧有它們，中國才能成為全球電子產品排名第一的供應國。臺灣這些企業以直接、間接方式，為數百萬中國人提供就業機會，向無數個中國地方政府上繳稅款。它們把電子業組裝工作搬到中國，讓中國公司有機會進入產業鏈——之後我會用一章的篇幅談這個趨勢。雖然電子業界瞬息萬變，但在二〇一九年，臺灣企業仍主宰全球電子代工市場，占據第一位（鴻海）、第二位（和碩）、第五位（緯創）與第七位（新金寶集團）。中國排名第一的比亞迪電子，則位居第八。[9]

富士康是電子代工領域的霸主，但半導體領域的霸主其地位甚至比富士康更不可撼動。一九八五年，曾任美國德州儀器公司半導體集團總經理的張忠謀，同意回臺擔任工業技術研究院院長。工研院是政府注資成立的研發機構，以推動創新及育成新的科技公司為宗旨。兩年後，張忠謀憑藉兩件利器成立台灣積體電路製造公司（台積電），一是來自臺灣政府、本土投資人與荷蘭電子企業飛利浦（Philips）的創業資金，二是革命性的理念。

電腦時代的頭數十年，大多數高科技設備製造商是自行設計和生產電腦晶片（半導體與積體電路）。到了一九八〇年代，許多電子公司開始將這種要價不菲、資本密集、愈趨複雜的製程外包出去。張忠謀的革命性理念，正是成立一家公司來專門生產別人設計的晶片：亦即「晶圓代工」。到了二〇一三年，張忠謀已將台積電打造成獨步全球的半導體製造商，年營收近兩百億美元——離它最近的競爭者，年營收只有它的五分之一。而且，張忠謀和富士康的郭台銘一樣，也把公司的營運延伸到中國。

台積電的緣起，始於臺灣官方與企業家之間的戰略論辯：臺灣究竟該往高科技創新發展，還是強化既有實力？臺灣傳統強項在於代工生產與製程工程（process engineering）——提升產品品質，追求生產效率，製造出來的東西注定是要掛著外國品牌上市銷售。島上許多IT企業在設計代工（ODM）與電子代工（EMS）領域找到利基，像鴻海那樣為他人生產。然而，與此同時卻有一些企業領袖主張，代工是種畫地自限的策略。他們力促政府鼓勵投資新科技與品牌經營。

技術官僚孫運璿跟這些企業領袖有相同的願景。他決定打頭陣以政府力量推升臺灣電子業製造能力，突破依賴代工生產的層次。在孫運璿的指示下，臺灣經濟部在一九七〇年代初期成立工研院與工研院電子所（Electronics Research and Service Organization，簡稱ERSO）。根據規畫，兩者都是官產合作，先由政府補助，隨著科技在補助下發展成熟，再逐步轉往以授權金為資金的模式。（事實證明，這些補助是很精準的投資：不到十年，工研院預算中的政府補助已降到一半以下，而工研院電子所有四分之三的資金來自民間。）

工研院與工研院電子所最早啟動的專案中，有一項是蓋了一座先導工廠，運用美國無線電公司（RCA）授權的科技來製造半導體——臺灣的積體電路製造由此開始；如今，IC（積體電路）產業已成為臺灣與全世界產業的重中之重。一九七九年，臺灣第一家商業半導體代工廠、公私合營的聯華電子成立，業務蒸蒸日上：二〇一九年時，聯電已是全球第四大半導體代工廠。

一九八〇年，臺灣新竹科學園區啟用。科學園區計畫宗旨，是運用園區吸引高科技投資，打造臺灣高科技研發能力，並招攬臺籍工程師自海外（尤其是矽谷）返臺效力。吸引海歸人才的不只是能在職場更上一層樓的美好前景，還有漂亮的宿舍與園區附設的中英雙語學校等額外優厚待遇。竹科園區在接下來數十年間孕育許多企業。另闢蹊徑專做晶圓代工、為客戶生產晶片（而非設計與行銷晶片）的台積電，與竹科的ＩＣ設計公司發展出緊密的共生關係，正是這種關係讓台積電蒸蒸日上，成為全球第一的純晶圓代工業者。

工研院與工研院電子所當時是（現在某種程度上仍是）臺灣高科技領域的要角，但兩者並未試圖將私人企業擠下舞臺或掩蓋其鋒芒。政治學者冷則剛指出，工研院與工研院電子所的任務在於為企業創造可以繁榮發展的生態。[10]為此，它們積極鼓勵私人投資，私人投資往往比政府更有企圖心，也更能容忍風險。例如宏碁創辦人施振榮從一開始就決定要反抗臺灣長期以來偏好中小企業的習氣。一九八八年，他告訴《紐約時報》（*The New York Times*），「我受夠那種小家子氣的小公司思維了。小公司從來不做研發。」在同一場訪問中，施振榮也表現對臺灣高科技人才儲備的信心：「我們有工程長才，自己就可以做出很多研發。」[11]施振榮的宏圖最終實現了：他的公司從製作DRAM（動態隨機存取記憶體）晶片起家，開發出自己的電腦品牌——二〇一九年，宏碁是世界第五大廠。

台積電創辦人張忠謀從來沒有「小公司思維」的問題。他的公司成長極為迅速（每年約二五%），而龐大的規模不久後就讓台積電主宰了產業的研發。台積電供應全球近半數晶圓代工市場所需，年營收以百億美元起跳；該公司投入營收的五%作為研發之用，便足以海放競爭者，成為科技龍頭與產業中的市場領袖。

跟許多臺灣公司一樣，台積電的經營模式也把與客戶的關係視為第一優先。這家公司的原則是絕對不與客戶競爭，並且把服務顧客當成核心使命。其他晶圓廠或許能與台積電在價格上一較高下，甚至略勝一籌，但能像台積電一樣精準可靠達成客戶需求的公司則不多。台積電的主力客群是本身沒有晶片製造能力的設計及生產公司，台積電讓客戶密切監測晶片製造過程，並且與台積電工程師在這一過程中合作微調設計。品質、可靠與協作，使臺灣企業再度脫穎而出。

半導體製造業與電子裝置製造業大不相同。富士康需要大量的半技術勞動力（不過這一點也有改變：二〇一六年，富士康用機器人取代六萬名中國工人，並宣布計劃在二〇二〇年以前減少三〇%的人力，但後來並未達成），但台積電等晶圓代工業者需要的勞工數量較少，但對勞工的技術要求較高。半導體是資本密集產業，靠著極其高效的管理制度讓晶圓廠全力運轉，服務各種客戶，滿足不同生產時程與要求，藉此獲利。上述特點不僅形塑了台積電的企業發展，也形塑了它跟中國的關係。

考慮到勞力成本與規範，對電子裝置製造商而言遷往中國是個無庸置疑的合理選擇。但從台積電的角度來看，中國明顯優於臺灣的地方並不多——甚至有些顯而易見的缺點。因此對台積電而言，到中國投資的決定，是在經濟、政治考量交互影響下的結果。

就經濟層面而論，許多臺灣製造商紛紛移往中國很合理，但台積電卻有幾個說不通的原因。首先，中國長期以來並非台積電的重要市場。二〇一五年，台積電在全球半導體市占率達五五%；相較於北美市場占了台積電營收的三分之二，中國只占八%。不過後來情況開始改變，中國科技業領頭羊華為對台積電貢獻的營業額在二〇一九年翻倍，從占公司營收八%提升到一四%。但台積電在美國的生意更大；光是蘋果一家公司，就占了台積電二〇一九年二三%的營收。二〇二〇年五月，台積電宣布投入一百二十億美元，在亞利桑那州設廠，展現出布局美國的決心。

對台積電來說，往中國發展也沒那麼迫切，畢竟中國在其他類型製造業上所占的優勢，如低廉的工資和寬鬆的法規，對台積電而言相對不太重要。半導體業是資本密集，不是勞力密集，而且臺灣政府對台積電照顧有加。臺灣安全的司法環境與積極保障智慧財產權的作為，也是一大優點——台積電與其中國主要競爭對手中芯之間激烈攻防的法律大戰便是最好例證（最後台積電勝出）。

對台積電來說，將業務移轉到中國在經濟利益上好處很少，但在政治上就有些曖昧難言了。臺灣與中國均視半導體為戰略產業。對臺灣來說，這代表要盡全力將半導體生產留在島上；對中國來說，則代表要盡全力建設國內半導體生產能力，無論是吸引外國公司投資，或是扶持能與外國企業一較高下的本土公司皆可。李登輝與陳水扁執政時，臺灣的政策制定者實施若干條例，旨在阻止台積電將其先進科技轉移到中國。例如，除非臺灣半導體業者有能力量產更先進的十二吋晶圓（一顆顆晶片就是由晶圓切割而成），否則不得到中國生產八吋晶圓。

話雖如此，台積電還是在二〇〇四年於上海設廠生產八吋晶圓。張忠謀表示，這個決定是因為希望貼近消費者（台積電的許多國際客戶在中國都有供應鏈），也是為了貼近中國大量的工程人才。臺灣限制中國公民來臺，因此台積電很難服務中國客戶。台積電此舉多少也有為將來留條後路的意味——隨著中國半導體市場不斷成長，台積電希望能占據打進市場的最佳有利位置。

這些因素對台積電的決定都有影響，但哈佛商學院教授柯偉林（William Kirby）認為政治動機才是決定背後的深層原因。[12]首先，「貼近客戶」這個理由很難站得住腳。假如台積電必須貼近客戶，不是應該在北美洲設廠嗎？柯偉林指出，其實是因為客戶對於兩岸政治關係感到焦慮，所以才希望台積電在中國設廠。假如台積電在中國也有生產線，則臺海爆發危機也不至於中斷晶片供應，因此在中國設廠恐怕是安撫客戶的一種方式。

柯偉林也認為，政治局勢可能對台積電做出在上海設廠的決定有直接影響。他推測台積電高層擔心扁政府會增加更多限制，不讓台積電到對岸投資，導致台積電產生「機不可失」的心態。柯偉林以台積電在陳水扁卸任後的行動為論據：二〇〇八年，親中的馬英九就職總統之後，台積電便宣布在新竹新建兩間十二吋晶圓廠，並擴大已正在臺中與臺南進行的設廠計畫。馬政府也放寬對台積電投資對岸的若干限制，其中就包括十二吋晶圓的生產禁令。

台積電的投資決策在過去或許都是受臺灣國內政局影響，但如今中國政局正成為另一股重要驅動力量。二〇一四年，北京當局發布《國家集成電路產業發展推進綱要》（集成電路即「積體電路」），緊接著在二〇一五年提出「中國製造二〇二五」政策。「中國製造二〇二五」是推動中國產業本土化的全面性計畫；《國家集成電路產業發展推進綱要》則是發展中國國內半導體科技與生產能力的指導政策。《綱要》為中國半導體產業訂定年成長二〇%的目標，並承諾在二〇一五至二〇二五年間向業界挹注一千五百億美元。中國政府制定目標，要在二〇二五年以前生產出國內所需晶片的七〇%，這是幅度很大的增長。

《綱要》是赤裸裸的國家干預經濟，裡面承諾支持產業整合，藉以扶植出一小支能在世界舞臺上競爭的「企業國家隊」（national champion）。該計畫承認中國公司缺乏達到既定目標的專業技術，於是鼓勵以合併、收購與合資等方式從外國企業手中取得技術。紫光集團（半導體產業的企業國家隊潛力股）收購三家專門組裝晶片的臺灣企業之舉，就是一個早期的例子。

北京當局在二〇一四年發布扶植半導體產業獨立的規畫；同年，台積電宣布計劃在中國設立第一座十二吋晶圓廠。這個規格的廠房相當重要：十二吋晶圓是生產手機與平板電腦晶片所必須，而中國對這兩種電子裝置需求最大。二〇一五年，台積電向臺灣政府遞交申請，希望允許在中國南京建一座價值三十億美元的十二吋晶圓廠。南京廠於二〇一八年啟用，是中國最先進的晶圓廠。

臺灣政府也要求台積電讓步，作為讓尖端科技跨海的交換條件。台積電承諾最先進的技術、研發與生產線留在臺灣。南京廠固然讓中國在技術程度上更進一階，但台積電其實還有更先進的技術——而且留在臺灣。儘管如此，如此的改變仍反映出中國在半導體市場上的進取。其他製造商——Intel與三星——已在中國生產十二吋晶圓的事實，讓台積電在中國開創新局的說法不攻自破。臺灣經濟部常務次長承認台積電受到壓力，表示「臺灣必須修正管理辦法，以協助本土半導體企業盡快立足中國市場」。[13]

確保在中國的市占率，向來是臺灣高科技公司的重要目標，但「中國製造二〇二五」政策卻來勢洶洶。這項政策顯示北京當局強烈希望把台積電等全球企業擠出中國市場。台積電投資南京廠，用意就是希望避免遭受如此命運。唯有臺資與其他外資企業繼續領有科技優勢，使它們賣的產品是中國製造商所無法提供的，才能維持在中國的市占率。如今，中國已決心全力投入所謂的「紅色供應鏈」，外資企業唯一的存活之道，就是在技術上保持對競爭者的領先優勢。

（本章有部分內容來自與任友飛合寫的 "Taiwanese Investors in Mainland China: Creating a Context for Peace?"，原發表於 *Cross-Strait at the Turing Point: Institution, Identity and Democracy*, edited by I. Yuan〔Taipei: Institute of International Relations, 2008〕, chapter 5.）

1 Kerry Brown, Justin Hempson-Jones, and Jessica Pennisi, "Investment across the Taiwan Strait: How Taiwan's Relationship with China Affects Its Position in the Global Economy," Chatham House, November 2010, https://www.chathamhouse.org/sites/default/files/public/Research/Asia/1110pp_taiwan.pdf.

2 轉引自 Ping Deng, "Taiwan's Restriction of Investment in China in the 1990s: A Relative Gains Approach," *Asian Survey* 40, no. 6 (2000), 967.

3 "Editorial: PNTR Won't Cure All China's Woes," *Taipei Times*, May 26, 2000, p. 12, https://www.taipeitimes.

com/News/editorials/archives/2000/05/26/0000037548.

4 Chun-Yi Lee, "Taiwan and China in a Global Value Chain: The Case of the Electronics Industry," in *Taiwan's Impact on China: Why Soft Power Matters More than Economic or Political Inputs*, edited by Steve Tsang (Cham, Switzerland: Palgrave Macmillan, 2017).

5 Joel Johnson, "1 Million Workers. 90 Million iPhones. 17 Suicides. Who's to Blame?" *Wired*, February 28, 2011, https://www.wired.com/2011/02/ff-joelinchina/.

6 Saheli Roy Choudhury, "Apple Denies Claims It Broke Chinese Labor Laws in iPhone Factory," CNBC, September 8, 2019, https://www.cnbc.com/2019/09/09/apple-appl-claims-it-broke-china-labor-laws-at-iphone-factory-mostly-false.html.

7 Chin Chung, "Division of Labor across the Taiwan Strait: Macro Overview and Analysis of the Electronics Industry," in *The China Circle: Economics and Electronics in the PRC, Taiwan, and Hong Kong*, edited by Barry Naughton (Washington, DC: Brookings Institution Press, 1997), 185.

8 Chin, "Division of Labor," 189.

9 Peter Clarke, "Global Top 50 Ranking of EMS Providers for 2019," eeNews Analog, April 19, 2020, https://www.eenewsanalog.com/news/global-top-50-ranking-ems-providers-2019.

10 Tse-Kang Leng, "Cross-Strait Economic Relations and China's Rise: The Case of the IT Sector," in *Taiwan and China: Fitful Embrace*, edited by Lowell Dittmer (Berkeley: University of California Press, 2017).

11 David Sanger, "PC Powerhouse (Made in Taiwan)," *New York Times*, September 28, 1988, p. D1.

12 William C. Kirby, Billy Chan, and Dawn H. Lau, "Taiwan Semiconductor Manufacturing Company Limited: A Global Company's China Strategy (B)," *Harvard Business School Supplement* 320-045, November 2019, revised

January 2020.

13 Lauly Li, "MOEA Eases China Investment Rule," *Taipei Times*, August 14, 2015, https://www.taipeitimes.com/News/front/archives/2015/08/14/2003625310.

第六章

紅色供應鏈崛起

一九八七年，臺灣對中國開放之後，臺商與中國東道主之間的合作與協力便飛速成長。臺商公司抓準機會賺錢、提升技術，讓自己成為東道主不可或缺的海外夥伴。但在之後數十年間，往前邁進的可不只有臺灣企業而已。中國本土企業也在賺錢、提升技術，設法打入全球生產鏈。

一九八〇與一九九〇年代，外國投資人帶來的熱錢，令中國地方官員目眩神迷，以至於不太關心正奮力站穩腳跟的本土企業。但中國本土公司並未因此消失，許多公司更是苦心研究自己的臺商鄰居；到了二〇〇〇年代，本土企業開始引起本國政府的注意。經濟與政治力由是匯聚，加速推動潮流，對臺商世界造成根本的改變。

《日經亞洲評論》（*Nikkei Asian Review*）在二〇一六年談到這股趨勢：「由於中國政府的龐大金援，成長迅速的中國公司群聚鏈正在從臺灣企業群聚鏈手中奪取市占。」[1] 臺灣人把這批新競爭者統稱為「紅色供應鏈」。一位臺商告訴政治經濟學家李駿怡，「我們其實幫助了中國國內企業興起。我企業裡有許多優秀的本地幹部在學會知識與技能之後，就離職到外面自己開公司。一旦他們累積到更多資金，我們便無法與之競爭，因為他們是本地人，能夠把開支降到最低，跟本地關係又好。」[2]

臺灣公司面對的不只是單純經濟上的變化，這些變化亦帶有政治因素。海峽兩岸政府官員皆試圖引導經濟發展，希望能強化本國企業，同時將企業相較於彼岸對手的弱點最小化。對臺灣政府來說，這項任務尤為迫切，因為受威脅的不只是經濟，更關係到國安問題的核心。為了讓臺灣經濟紐帶多樣化，陳水扁努力減緩經濟活動的流速，再不濟也要導正一下方向，但成效十分有限。同時，對於陳水扁希望面對面談一談兩岸議題的要求，北京方面則拒不理睬。中華人民共和國領導人深信，陳水扁正在臺灣與中國之間製造分裂，企圖藉此將臺灣推向獨立，因此他們拒絕對話的要求。由於兩岸之間欠缺對話管道，經濟紐帶於是自行根據其內在邏輯發展，法律制度或政府的指導棋幾乎都鞭長莫及。

臺商剛開始到中國經商時，大多數臺灣人對於經濟發展態勢抱持審慎樂觀的態度。事實證明他們的樂觀是一種先見之明——公司（及其利潤）紛紛成長，臺灣勞工得到新的就業機會，兩個經濟體整合後帶來的政治影響就結果論還能控制。但是，當兩岸在經濟上愈靠愈近，新的挑戰浮現。面對上述趨勢，樂觀情緒褪去，隨之而來的是矛盾，然後是懷疑。這樣轉捩點在二〇一〇年代初期出現。此時，臺灣對來自中國的投資與觀光客打開大門。這樣做的確有利可圖，但這麼多中國人出現在島上，卻讓臺灣人感到不安，加深了臺灣正失去行動自由、為拚經濟而不得不依賴中國的感覺。與此同時，中國經濟也在改變。臺商意識到自己漸漸不再具優勢地位。

陳水扁執政八年（二〇〇〇至二〇〇八年），所核准的臺企對中國投資相比之前成長了四倍（不過中方的數字顯示有不少投資並未完成），因而留下兩大挑戰給繼任者馬英九。首先，經濟關係缺乏規範，規模又是前所未有，臺商迫切需要從這個狀態帶來的風險中喘息。其次，全球金融危機導致臺灣的出口市場陷入混亂，臺灣面臨衰退威脅。馬英九以兩種方式應對挑戰。其一是與中國展開對話，期盼能放寬對於兩岸經濟活動的限制，並為臺商的活動建立法律框架。其二則是用「臺灣」的威名吸引中國人（以及他們的錢）來臺投資。

之所以能夠在馬英九總統執政下展開對話，是因為北京方面願意配合。中國領導人願意配合，多少是因為比起陳水扁和民進黨，他們更偏好馬英九與國民黨；他們相信國民黨致力於統一（至少理論上），而民進黨顯然並非如此。北京方面表示，一改拒不對話態度的原因，在於馬英九同意所謂的「九二共識」框架。陳水扁執政時，將九二共識斥為國民黨的話術（「九二共識」一詞最早在二〇〇〇年出現，已是據稱形成共識的八年之後），但馬英九則認可九二共識，視之為促進與中國合作的有用手段。

九二共識起源於臺灣與中國在一九九二年展開的半官方對話。雙方的目標在於為一九〇年代之初蓬勃發展的經濟關係，建立最基礎的基本建設：例如互通郵件與電話，以及文件公證。臺灣成立名義上獨立於政府的海峽交流基金會，授權海基會與中國的對等單位，亦即海峽兩岸關係協會，訂定協議。海基會與海協會成為「代理人」，讓兩國政府得以在沒有正式承認對方的情況下互動。

一九九二年香港會談期間，海基會與海協會的主要協商代表想了個奇招來解決根本的問題。他們背後的兩國政府並不承認彼此存在；雙方也認定只有自己才是中華民族的合法政府。對海基會辜振甫一方來說，「中國」指的是中華民國；他所代表的統一願景，是在中華民國國旗與憲法之下的統一。對另一方的海協會汪道涵而言，「中國」指的是中華人民共和國，「統一」指的則是在中華人民共和國制度下的統一。為了跳脫上述僵局，兩人達成一項不明言的共識：只要他們都同意「臺灣與大陸皆是中國的一部分」這個看法，會談就能進行下去，不需要繼續為了彼此相悖的中國定義而爭執。國民黨（臺灣當時的執政黨）將九二共識定義為「一個中國，各自表述」。對中華人民共和國來說，九二共識的核心是「一個中國」，但中共沒有去挑戰國民黨的措辭。

一九九九年，李登輝總統將兩岸關係形容為「特殊國與國關係」，北京表示這種說法等同獨立之意，因此關閉了海基會—海協會的溝通管道。陳水扁執政期間，對話管道仍封閉，但國民黨與中國共產黨持續對話——臺商也依舊在中國經商。在黨對黨的機制下兩岸關係也有某些進展，因為中國會利用會談作為宣布政策轉變的場合（例如願意開放兩岸直航）。這就使國民黨得以攬下「改善投資環境」的功勞，而兩黨的對話也為馬英九於二〇〇八年五月就職後，海基會—海協會恢復對談，以及兩岸關係迅速改善鋪平了道路。

馬英九志在深化兩岸經濟關係，確立規則，期盼健康的經濟紐帶能降低關係緊繃的程度，促成兩岸發展出更好的政治關係；在這個關係裡，兩岸能夠認可一些共同目標並管控衝突源頭。馬英九路線的核心，在於承諾自己任內不會統一、不會獨立、也不會有武裝衝突（不統不獨不武），而他也致力於以九二共識為兩岸對話的基礎。

在馬英九和中國領導人胡錦濤執政時，光是提及九二共識就足以讓對話繼續。臺灣官員用九二共識暗示以統一為目標而不用直接說出這個目標，以免激起國內反彈。於是，馬英九就職不到一個月，海基會與海協會代表就在北京會面，迅速在多項議題上取得進展——包括臺商最關心的直航需求。二〇〇八年十一月，海協會會長到臺北拜會馬英九（中國對此事的報導中稱馬英九為「臺灣領導人」，而非臺灣或中華民國的總統）；兩年內，雙方簽署十一項協定，範圍從金融合作到打擊犯罪皆有。二〇一〇年六月，雙方簽署《海峽兩岸經濟合作架構協議》（Economic Cooperation Framework Agreement, ECFA）。馬英九執政期間，中國與臺灣簽訂了二十三項協議。

這二十三項協議對於兩岸商業帶來巨大的影響，例如讓臺商在智慧財產權等問題上得到制度化的保障，解決了氣象、地震與公共衛生資訊交流方面的技術性問題，以及讓往返旅行更加容易。雙方的航班再也不用大費周章繞道香港或東京，得以從中國的機場不落地直達臺灣。旅行變得輕鬆是雙向的：自一九八〇年代晚期以來，臺灣人前往中國的趟次穩步上升，在二〇一四年達到五百萬次以上，而在新的協定之下，中國人到訪臺灣的次數在短短六年間從零一下子增加到四百萬人。來臺的中國人多半是觀光客，一飛衝天的人數甚至催生出致力於服務「陸客」的一條龍產業。大部分陸客為團客，雙方政府均偏好這種做法，畢竟雙方（出於大不相同的原因）都不希望出現中國公民在不受監督的情況下在臺灣任意走動的情況。臺灣也開放中國學生就讀本國大學，此舉有助於延緩臺灣出生率下降對高等教育造成的危機。

馬英九的經濟政策，源自於他堅信鞏固臺灣經濟最好的方法，就是將與中國合作機會最大化，以及將兩岸緊張關係最小化。他的政策在危機時期對穩定臺灣經濟有極大貢獻。全球金融危機令臺灣的GDP在二〇〇九年出現負成長，但隔年就出現一〇%的驚人反彈。儘管如此，馬英九路線的極限仍迅速浮現。數十年來，臺灣的領導人都知道根本問題在哪兒，卻也都無法避免：亦即臺灣與中國在經濟與政治利益上的衝突。

北京樂於利用臺灣人的錢、技術與商業關係為中國創造財富，甚至願意給臺灣人與企業特權，期望能贏得他們在政治上的支持。但北京的目標說到底是為了增進中國的利益，而非臺灣的利益。此外，儘管中方的利益夾帶政治目標，必須給臺灣人一點獎勵，好教他們為北京的偏好喉舌，但中國領導人也不會願意一直壓制自身本土企業。北京逐漸採用「一手拿鞭子，一手給糖果」的表達方式傳達其政策。臺灣很快就會發現，兩岸之間的每一種商業關係，都是鞭子加糖果。

雙方狂簽一堆協議，速度之快使兩岸關係在馬英九的第一個任期就達到了高點。但即使在那時，已可預見風雨欲來。兩岸關係只是中國層峰制定政策背後的眾多考量之一，他們也不是事事都照顧臺商。二〇〇八年的《勞動合同法》對臺商來說就是一個不祥之兆。

這部勞動法在馬英九當選前就已實施，但臺商是直到馬就職後才開始感受到影響。法律的主要條文旨在保護雇員不至於遭到任意解僱，並提高對拒不履行勞動合同、按薪不發，或是未繳交社會保險金之雇主的處罰。這部法律充滿爭議，許多公司（中資與外資皆然）擔心《勞動合同法》會增加勞動成本，妨礙企業靈活權變。許多企業，尤其是中國本土企業，轉而利用派遣人力與「實習」名目，以規避新法。

《勞動合同法》顯然沒有扼殺中國經濟的成長，中國經濟在該法實施後仍一路披荊斬棘前行多年。然而，《勞動合同法》確實收緊了許多臺商的迴旋空間，導致若干出口導向企業去找成本更低的新地點。全球金融危機以來，降低價格的壓力尤其沉重，偏偏危機發生時，在中國經商的成本正好也在上漲。某些臺商因此遷往中國內陸：例如，一九九八至二〇一一年間，臺灣所核准的對廣東沿海投資的比例，從整體投資額的四〇%降到一五%；而一九九八年時，臺商對四川之類內陸省分的投資尚微不足道，但到了二〇一一年，數字則達到五%以上。[3]與此同時，許多臺商在二〇〇八年之後乾脆離開中國，社會學家鄭志鵬將這股潮流稱為「臺商第三次大遷徙」。[4]許多人前往鄰近的低工資市場發展，例如越南，但也有人走得更遠。也有人甚至把產線搬回臺灣。

《勞動合同法》只是二〇〇〇年代末推高生產成本的幾個因素之一。由於各種成本上揚，在馬英九第一個任期內激增的協議，其實並沒有加速兩岸經濟活動成長的速度。事實上，馬英九執政期的平均貿易成長率（每年八%）與投資成長率（每年一五%）是低於陳水扁執政期的。不過，這個年增率是建立在龐大的基數上，因此貿易與投資總量依舊驚人。

馬時代的協議雖然未能加速經濟活動成長，但倒也穩定及改善了商業環境。不過，這些協議也令許多臺灣人十分焦慮。馬英九甫就職時，根據國立政治大學研究員所做的民調，認為兩岸經濟交流步調太快的臺灣人從二〇%躍升到三〇%，而認為步調太慢的人則從三五%落到二〇%以下。換句話說，馬英九都還沒大展身手，就有一些臺灣人擔心馬英九做得過頭。話雖如此，但我們也需知道在馬英九任職期間，大部分臺灣人其實認為兩岸經濟交流的步調「剛剛好」。

儘管在馬英九第一個任期時，民眾對於兩岸關係發展步調與範圍愈來愈擔心，但這股情緒增長的速度仍不足以讓他在二〇一二年落選。臺灣經濟雖然有遭受到全球金融危機打擊，但沒有像其他許多國家一樣重創，這多少是因為中國祭出的激勵政策保全了在中國活動的企業，不至於面臨嚴重衰退。馬英九也設法擴大臺灣的國際空間——這也是許多選民優先關注之事。二〇〇八至二〇一二年，臺灣與新加坡、紐西蘭、日本展開經濟對話，中國則暫且對於臺灣參與某些國際組織（包括世界衛生組織）不表反對，也暫時不挖腳臺灣既有的邦交國。

二〇一二年總統大選的一大主軸就是九二共識。馬陣營將馬英九第一個任期兩岸關係的迅速發展，跟陳水扁執政八年的政治僵局（伴隨著不受控制、欠缺規範的經濟成長）做比較。馬英九把自己的成就歸功給九二共識，主張若是沒有九二共識，兩岸關係就會退回到扁時代的一灘死水。與此同時，馬英九的對手，民進黨的蔡英文，則受困於所屬政黨對於九二共識的反對立場。蔡英文承諾選民將維持兩岸現狀，但是唯有承認九二共識才能得到北京的默許，得不到北京默許的話，選民實在很難想到她要怎麼做到維持現狀。

選舉期間，北京與華府皆公開表示對蔡路線的擔憂。臺商也是，他們擔心兩岸發展步伐恐將放緩，於是公開支持九二共識（不是支持馬英九）。高雄義聯集團董事長林義守稱九二共識是縮短臺灣南北差距「唯一最好的一條路」，長榮集團創辦人張榮發也說九二共識是「兩岸對話的基礎」。[5]

馬英九以近整整六個百分點贏得大選，但勝選之後是沒有蜜月期的。沒過幾個月，民眾對於兩岸經濟交流腳步與程度的擔憂，就引爆了一系列被稱為「反媒體壟斷運動」的抗議。過往的批評著重在過度仰賴中國市場恐將掏空臺灣經濟，或是可能使中國有籌碼透過臺商公司間接制衡臺灣，但這次運動反映的卻是擔憂兩岸經濟合作正在滲透、乃至於**直接**影響臺灣政局。臺灣政府的政策在這幾年出現微妙的轉變，從增加臺灣個人與企業打進中國的機會，變成同時增加中國個人與企業打入臺灣的可能性，而反媒體壟斷運動浪潮正是對上述轉變的回應。

反媒體壟斷運動的催化劑，來自一位著名臺商企圖掌握臺灣大眾媒體主導權的行動。旺旺集團是臺灣最大食品加工業者之一，也是中國最大米果與調味乳製造商「旺旺中國」的母公司。集團創辦人蔡衍明聲明支持統一。二〇〇〇年代末期，旺旺買下中時集團旗下媒體，包括歷史悠久的《中國時報》。被收購之後，這些媒體開始採取堅定的親中立場。二〇一二年，中信金、台塑、旺旺決定聯手收購壹傳媒，若收購成功，蔡衍明就能影響、乃至於控制臺灣大眾媒體半壁江山。

一間在中國投資甚鉅的公司與促統的老闆，居然即將掌握臺灣幾大媒體？許多臺灣人因此怒不可遏。對中國心存疑慮的臺灣人，長久以來一直擔心臺企巨頭可能會把對中國商機的渴望置於臺灣利益之上，現在竟有跡象顯示其中一位鉅子為了協助北京推動統一進程而收購島上的大眾媒體，更將眾人的疑心提升到新的高度。

反對者上網、上街頭要求政府阻止併購。他們選擇以「反媒體壟斷」為口號，強調媒體所有權若過度集中，將會損及民主；但這位媒體「壟斷者」的政治傾向，更是示威者憤怒的重要原因。旺旺回應批評的方式，是利用自家的新聞平臺攻擊反對者，此舉完全坐實了「旺旺是言論自由之敵」的看法。爭議延燒月餘；二〇一二年九月的一場遊行，更是吸引近萬人上街。最後，在二〇一三年二月，臺灣的國家通訊傳播委員會（NCC）決議不予通過旺旺另一併購有線電線系統的案子，三月底，壹傳媒買賣雙方均撤案，交易破局。

儘管旺旺／壹傳媒併購案並未成功，但這次事件也凸顯臺灣大眾媒體多麼容易受到中國的操弄。即使所有權在臺灣人身上，也無法防止所謂的「紅色媒體」為北京的利益喉舌。二〇一九年《金融時報》（*Financial Times*）報導，《中國時報》記者承認報社編輯臺聽從中國臺灣事務辦公室的指示做事。同年稍晚，旺中集團的《中天新聞》因為力挺國民黨籍總統候選人韓國瑜的報導而遭到罰款。二〇二〇年，國家通訊傳播委員會裁定中天高層以其政治偏好干涉新聞報導，《中天新聞》也因此失去營業執照。

反媒體壟斷運動可說是兩岸關係由樂觀轉矛盾、乃至於充滿懷疑的早期實例。對中國感到疑慮的趨勢，在馬英九的第二個任期迅速攀升，動力即來自中國影響力在臺灣內部的可見度漸增。二〇〇九年之前，兩岸關係的變化多半屬於量變：臺灣對中國投資的金額一年比一年高，前往對岸工作的人也愈來愈多。臺灣人雖然注意到此一形勢，但大部分人覺得直接影響不大——畢竟真正的行動發生在海峽彼岸。

但馬英九的政策不同，他的政策不只提升了兩岸經濟活動的量，更改變了活動的本質與走向。這種質變進而改變了臺灣國內的氣氛，讓兩岸經濟交流走入臺灣民眾的日常生活範圍。馬英九有兩項政策影響尤大：一是開放陸客來臺，二是開放中國投資臺灣。

本書焦點雖是那些在中國生活、工作或投資的臺灣人，但大多數的臺灣人其實從來沒有去過中國。數十年來，臺灣人清楚知道自己的同胞往中國發展，但臺灣西邊的海峽在二〇〇八年以前基本上是一條單行道。二〇〇七年時，許多臺灣人這輩子還沒有遇過來自中國的人；根據臺灣旅遊業主管機關紀錄，這一年來臺的中國人人數是零。但馬英九的政策改變了這個情況——而且改變的速度飛快。二〇〇八年，有三十一萬五千名中國遊客來臺；兩年後，人數翻了五倍，來到一百六十萬。二〇一五年時，有超過四百萬陸客造訪臺灣。[6]

有五十五年的時間，兩岸幾近徹底分隔，結果突然間臺灣到處都是中國人。即使不是真的到處都是陸客——陸客旅行團傾向於固定巡禮幾個知名景點，例如日月潭與故宮——但他們的觀光巴士卻讓人感覺堵住了每個地方的車流。這麼多中國人突然間到來，固然創造了經濟機會，卻也讓臺灣人親眼見證了從一九八〇年代晚期以來，臺商所描述的中國人與臺灣人之間的文化與社會差異。二〇一一年的一項研究發現，兩岸交流對臺灣民眾的想法影響不深，但確實強化了他們對中國人的負面印象。

引入陸客之舉，造成臺灣民眾日常生活的巨大質變。第二項改變，即臺灣開放中資，其影響雖然沒那麼直接，但重要性完全不亞於前者。馬政府在二〇〇九年開放中國對臺投資，到了任期屆滿時，政府核准的中國對臺投資總額達到約十三億美元。[7]相較於從臺灣流向中國的資金，這個數字其實相當寒磣，但規模再小，只要是來自不友善國家的投資，感覺就像惡意收購。許多中資確實有政治目的，而這個事實只會讓人益發擔憂中國決定與其武力犯臺，不如直接把臺灣買下來。[8]

對臺灣來說，開放中國遊客與投資人產生的經濟影響有限（雖然確實給臺灣經濟的一些次要領域打了強心針，尤其是旅遊業與高教產業），但在政治上產生的影響甚鉅。反媒體壟斷抗議活動揭開了一系列社會運動的序幕，對馬英九的開放政策帶來挑戰。隨之而來的兩場運動，一場與土地徵收有關（大埔事件），一場則涉及義務役軍人遭霸凌致死（洪仲丘事件）；雖然上述運動與兩岸關係沒有直接關聯，但無疑展現了對馬政府的不滿愈演愈烈。一連串的運動在二〇一四年的太陽花運動達到高潮，而這正是馬政府試圖促進中國對臺投資的直接結果。

太陽花運動的導火線，是政府要求立法院通過一份共二十四條的兩岸經濟協議，旨在將服務業貿易自由化。《海峽兩岸服務貿易協議》比以往協議更為敏感，畢竟是項協議開啟了中國廉價服務業供應商進入臺灣本國市場的可能性，而民眾的激烈反響，其實也反映了六年來對於兩岸經濟整合步調之快、牽涉之廣所累積的焦慮與不滿。

《服貿協議》送交立法院審查時，反對者趕往立法院抗議。國民黨大多希望避免用甲級動員投票的方式強行通過不受歡迎的法案，因此黨團領袖同意民進黨的要求，召開一系列公聽會，並對協議內容逐條審查。然而，公聽會與排審進度緩慢，主導法案的國民黨立法委員（張慶忠）失去耐心，決定在二〇一四年三月十七日送院會存查。面對該名立委的宣告，抗議人士以攀越立法院圍牆、闖入議場作為回應。示威者泰半為學生，他們占領議場達二十四天。占領期間，支持者除了天天示威之外，也持續占據立法院周邊街道靜坐。

國民黨籍立法院長王金平承諾，除非立法院立法通過可以監督所有類似協議的法案，否則不會核准《服貿協議》，隨後示威者在四月十日和平離開議場。不過，《服貿協議》顯然會是未來很長一段時間裡最後一次類似的提案，因為輿論走向已徹底背棄馬政府的路線。二〇一五年十一月，馬英九在新加坡與習近平會面，可就連這種深具歷史意義的動作（中國內戰以來兩國領導人首度會面），感覺也已無關緊要。臺灣人再也不想加速與中國的互動。馬習會結束後不到兩個月，國民黨便徹底失去對政權的掌控——這是該黨自一九四五年以來第一次同時失去立法權與行政權。二〇一六年一月十六日，民進黨的蔡英文在總統大選中大勝，民進黨與太陽花後崛起的盟友時代力量則在立法院一一三席中囊括七十三席。

回過頭來看，馬英九執政時兩岸關係的質變與量變，顯然超過臺灣社會所能吸收的程度。貿易與對外投資是一回事；商品與金錢流向對岸，不會改變臺灣民眾日常生活太多。早在馬英九展開第二個任期之前，已有要求放緩速度的呼聲出現，但這些呼聲是聚焦在抽象的擔憂與「掏空臺灣製造業」等潛在問題上，而當時許多臺灣人看到的卻是兩岸互動具體的利益。等到上百萬中國遊客突然在臺灣各地的旅遊景點冒出來，兩岸經濟互動就再也不是發生在對岸的事情。馬政府試圖規範互動過程的努力，看起來愈來愈不太像是在努力保護臺灣人的生計，更像是在建立一個合法體系，迫使臺灣陷入一段許多人不確定自己想不想要的關係裡。過程中，臺灣對中國發展出新的依賴——具體來說就是觀光客、學生與投資人。他們的出現創造了經濟價值，但他們的出現形式也使臺灣處於易受攻擊的位置，不單只是造成間接影響（藉由中國企業的強力競爭或是中國政府在政策上改弦易轍），而是能夠直接影響，因為北京控制著觀光客、學生與投資人三者的流向。蔡英文剛就任總統，北京立刻掐住觀光客的人流展現其實力，以及對民進黨總統的鄙視。此舉目的即是希望民眾把失去賺錢機會歸咎於蔡英文，激起對她的反感。

臺灣製造業老早就到臺灣海峽對岸追尋商機與利潤。但對臺灣政府來說，兩岸貿易乃至於投資的激增、陡增可謂警訊。臺灣與中國彼此並不是朋友關係（差得遠了），此外儘管雙方並未刻意把關係弄成敵對，但它們的目標卻大不相同。一九九〇年代，臺灣的立場是「臺灣」與「中華人民共和國」皆是「中國的」實體，有朝一日必須要統一——統一為民主的中華民國。但數十年下來，臺灣人益趨堅定地要保衛自己的政治自主和獨立身分，對統一的支持度節節降低。然而與此同時，中華人民共和國始終堅持在其國號與政治制度下統一中國。對臺灣政府而言，在國際處境孤立與軍事優勢不再的情勢下，若此時再讓中國操控臺灣經濟，則前景更加堪憂。

跟中國嚙合過於緊密，恐將傷害臺灣利益；這種擔憂並非杞人憂天。第一波投資對岸的是傳統製造業者，它們的競爭力端賴是否覓得低成本的營運據點；但沒過多久，綻放於一九九〇年代的高附加價值產業也前往對岸了。看著在臺遇到發展瓶頸的產業在中國煥發第二春是一回事，可是一旦橋梁開通了，各種型態與規模的公司都渴望前往對岸。失去製造業，其中也包括高科技業，已經夠糟了，何況得到這些產業的還是軍事對手？臺灣政府高層對此極為憂心。儘管如此，邁入二十一世紀時，臺灣已有將近三分之一的個人電腦生產轉往中國。這還只是開始而已。

正是因為會有上述結果（跨海峽投資可能讓臺灣對中國的依賴達到危險的程度，甚至奪走臺灣的製造業基礎），臺灣政府才會在二〇〇八年以前始終不開放直航、直飛、通電或通郵，並限制臺灣人在中國投資的金額與類型。臺灣對中國雙邊貿易的順差迅速增加，坐實了政府的擔憂。貿易順差乍看之下是好事，但不對稱的貿易對臺灣而言卻是風險。比起找到新客戶來買你想賣的商品，客戶要找新的供應商容易得多，因此對單一貿易夥伴的龐大貿易順差，其實是倒持泰阿，把生殺大權交於他人之手。事情還有更複雜的一面。臺灣對中國的出口大約半數為電子零組件，而由這些零組件組裝而成的產品，又從中國往外出口——但裡面有許多電子裝置產品是由在中國的臺資企業組裝而成。也就是說，臺灣其實沒有表面上看起來那麼仰賴中國市場。至少理論上，臺灣企業是可以把最終組裝移出中國，從而避免北京方面的壓力。

老實說，臺灣人在中國經商一開始能夠如此成功，有其運氣成分。臺灣投資人之所以在中國混得風生水起，是因為中國開放的時間恰是時候。但是，天時可遇不可求——臺灣投資人固然因此勢頭驚人，有些人還賺得缽滿盆盈，但這無法讓臺灣企業在中國市場長久占據優勢。

事後看來，馬政府放寬兩岸經濟活動限制的決定似乎不智，但在當時有其道理。二〇〇六年時，中國十大出口商當中有八個是臺資電子代工業者。[9]這些公司——以及其餘大小公司——對臺灣經濟至關重要，而且一有機會就提醒政策制定者這個事實。如同這些公司所指出的，它們在中國營運所得的利潤，讓它們得以重回臺灣，融入本地經濟。臺灣專業人才則能藉由在中國的臺商企業工作，或是效力於許多高科技公司留在臺灣的研發機構（臺灣會保護它們的智慧財產）而平步青雲。臺商也偏好臺灣金融機構與商業服務供應者，進一步推升國內經濟。即使是最敏感的政策轉變，例如允許陸客與中資來臺，也在臺灣創造了許多經濟勝利組。

馬英九任職期間，求取風險與利益的平衡，逐漸超越貿易與投資理當不斷加碼的思維。太陽花運動就是引爆點，也是在這一刻我們才倏地發現：對於臺灣面臨危險的憂心，已經壓過深化兩岸經濟關係有利於臺灣整體的樂觀信念。驅使太陽花運動示威者挺身而出的主要是政治問題，但這些問題亦有其經濟因素：中國企業的競爭力逐漸高過臺商，而中國政府也積極運作，要把臺商從領頭羊的位置拉下來。

此時，臺灣人也開始注意到兩岸經濟整合的另一個壞處：不平等。臺灣在戰後的工業化，曾經創造出程度驚人的收入與財富平均分配。但情況在一九九〇年代與二〇〇〇年代，也就是臺商在對岸發大財的時候開始改變。為了把新得到的財富存回臺灣，臺商開始投資房地產，導致房價上漲的速度遠遠快過薪水上漲的速度。許多臺灣中產階級（尤其是年輕人）發現自己根本負擔不起故鄉高昂的房市價格。

臺灣經濟、政治與社會的轉變，使得兩岸互動擴大的速度放緩下來，但這不是唯一的因素。全球環境也在改變，導致臺商在評估情勢時要考慮得更加複雜——我會在第十章探討這個主題。不過，發生在中國的變化，其影響力決不下於發生在臺灣的變化；紅色供應鏈在中國崛起，許多臺商自忖：以後中國還需要我們嗎？會不會不再歡迎我們？李駿怡寫得很精準：「臺灣中小型專業代工電子廠與ＩＴ廠，為中國電子產業與ＩＴ產業的起飛奠立了堅實的基礎。中國工廠從臺灣人身上學到與品牌公司建立關係和高效管理工廠的經驗，隨後在搶占供應鏈一席之地的過程中，把它們的『老師』，也就是臺灣製造商給比了下去。」[10]

中國改變戰略

中華人民共和國以「五年計畫」模式來統理其經濟。第十一個五年計畫期（二〇〇六至二〇一〇年）透露了北京有意將中國經濟從外國投資者的手中拿回來。「十一五」證實了許多臺灣人心中懷疑一段時間的事情：北京已經不再將來自臺灣與其他國家的投資列為重點。數十年的特別待遇之後，臺商開始發現自己得跟別人公平競爭了——而且在有些情況下，這場競爭是偏向中國本土企業的。橫跨各種產業，從鋼鐵、石化材料乃至於設備，中國從臺灣進口的產品數量節節下降，為的是照顧本國生產。

數十年來，設法幫助臺商打入中國市場取得商機，一直是臺灣政府最關心的事情。然而，臺灣企業遭遇的挑戰漸漸不在於打入市場的管道，也不在於整體商業環境，而是競爭力。臺商常常掛在嘴邊的「cost down」不是新鮮事，但隨著中國本土企業打入供應鏈，降低成本的壓力也就益發沉重。等到二〇〇八年馬英九上任時，臺商有了新的口頭禪：「轉型升級」。「轉型升級」意思是往價值鏈的上方爬，以期隨著在中國生產的成本提高，仍能維持競爭力甚至獲利。轉型升級失敗的企業，將無法在迅速成長的中國企業之間存活下來。

臺商的另一個選項為專注於中國的國內市場，尤其是二〇〇八年金融海嘯暴露了他們在北美洲與歐洲經營多年的市場有多麼脆弱之後，我會在第八章探討這個主題。朝本地市場發展，迫使臺商離開相對受到保護的出口導向領域，直接與中國企業競爭。同時，馬英九的市場開放改革政策，也允許若干中資企業在臺經營，迫使臺灣企業在兩個市場都面臨競爭。

馬英九執政期間，管理顧問與政府官員皆強烈建議臺商進行轉型升級，以利在競爭益趨激烈的中國市場中維持競爭力。這些建議的範圍很廣，但內容不見得一致。管理學者呂鴻德與羅懷家建議企業把二〇一一至二〇一五年想成「臺商三．〇」，按照北京方面「十二五」（第十二個五年計畫）規畫的提示，轉往服務、金融、綠色製造業發展，並將經營地點遷往中國更內陸的地方。中國生產力中心總經理張寶誠則建議臺商升級管理習慣，讓企業更有效率、跟得上時代，並轉型以服務為導向。[11]這些建議無疑都很好，但實行起來並不容易。

有個產業把這個建議銘記在心：自行車製造業。臺灣自行車產業幾乎是在臺灣進入工業化時期的一開始，就發展起來。臺灣企業很早就為萊禮（Raleigh）、史溫（Schwinn）與崔克（Trek）等國際品牌代工。一九七二年，劉金標在臺中小鎮大甲成立了自行車代工廠：巨大。一九八〇年代之初，劉金標將巨大從代工廠轉型為品牌公司，並在一九八六年於荷蘭成立歐洲總公司。為追求創造自己的國際品牌，巨大拋下了老客戶史溫，而史溫最後以遞交破產申請收場。

巨大是臺灣企業中少數擁有全球知名品牌的公司——「捷安特」（Giant）以品質與創新聞名。捷安特可以在美國的競爭中嶄露頭角，靠的是把「開箱即上路」、也就是不用組裝的自行車銷往那裡。一九九〇年代，捷安特開發出新用途的自行車，更加速了公司發展；從公路車、登山車到越野車，捷安特皆走在不斷變化的市場前沿。這家公司耗費鉅資投入研發，因而為產業帶來重大突破。捷安特發明出新的壓縮車架設計，讓公路車更輕、更符合空氣力學；捷安特也製造出最早的碳纖維複合車架。整個業界迅速採用上述兩項創新。二〇〇二年，捷安特成為環法自行車賽其中一個車隊的贊助商。對臺灣來說，這是跨出了一大步，畢竟臺灣企業通常隱身幕後。

巨大的營運方式，參考了許多我們在其他產業也會看到的模式。巨大堪稱差異化與群聚製程的領頭羊。巨大設計並組裝自行車及零組件，但不包括車架、前叉、輪框，這些零組件會外包給專業廠商，根據巨大的規格要求來生產。一九九〇年代，巨大跟上另一波潮流，在江蘇省有「小臺灣」之稱的昆山設廠。在中國設廠是巨大全球戰略的一環，但也是看上中國對運動用品迅速成長的需求。與此同時，臺中大甲成為全球自行車產業的輻輳，巨大的製造群聚體系支持著由自行車及其周邊生意形成的廣闊生態系。

二〇〇〇年代之初，巨大如日中天，但競爭者（尤其是成本低的中國製造商）正迎頭趕上。二〇一〇年代中期，臺灣自行車產業看來即將面臨嚴重問題，遭紅色供應鏈取代。巨大的股價從二〇一五年初的高峰逐步下跌到二〇一八年初，然後突然上揚，在二〇一九年上半年翻倍。巨大的華麗轉身，堪稱轉型升級的經典案例。

巨大基本上已經放棄低價市場，這塊市場的價格壓力太大且毛利率微薄。巨大轉而專注經營產業裡死忠客群這一塊的市占率，他們可是願意花四位數美金價格買一輛自行車。但是即使在高價車領域，隨著巨大的創新成為產業的標準，殘酷的價格戰同樣會發生。因此，巨大與其他臺灣自行車製造業者著手轉型升級，開始生產電動自行車。臺灣電動自行車銷往歐洲的營業額在二〇一九年上半年翻倍。平心而論，歐盟向中國電動自行車徵收反傾銷稅，對臺灣車廠的市占率往上衝幫助很大。不過，確實是因為轉型升級，臺灣企業才能就定位，抓住機會獲利。

轉型升級很難，尤其當競爭對手背後有政府堅定且大力的支持時。中國政府樂意補貼產業，使得中企成為很難對付的競爭者。雖然政府補貼有時候適得其反——就像中國電動自行車公司以低於成本的價格出口，結果被歐洲拒於門外——但大多時候是讓與中國企業競爭的非中國企業陷入困境。中國產業政策帶來的折磨，IT（資訊科技）產業感受最是深刻。

經濟學家諾頓（Barry Naughton）與恩斯特（Dieter Ernst）在二〇〇五年的一篇論文提到，北京在二〇〇〇年代初期是以務實、靈活的路線發展資訊科技；其目標是打造出一個經濟領域，可以在由市場力量主導的全球整合產業鏈中蓬勃發展。[12]這意味著發展資訊科技不會以中國大型國有企業為主要標的；政府反而鼓勵混合型態的所有權，揉合國家資源與企業管理。然而這並不表示北京會任由國內IT企業在變動市場中自求多福。北京的做法剛好相反：政府持續直接與間接援助企業的研發，並且祭出減稅激勵政策，用以鼓勵國內企業購買彼此的產品，即使外資供應商給予的價格更低。臺灣人直呼這種做法是不公平的競爭。

相較於「十一五」，「十二五」（二〇一一至二〇一五年）是更強烈的訊號，顯示北京計劃提升在全球經濟中的位置，從廉價製造商轉型成服務與高科技產品的創新供應者。先前我在第五章談到，二〇一四年的《國家集成電路產業發展推進綱要》就是針對臺灣和其他國際IC（積體電路）供應商，設定目標要在二〇二五年時讓中企產品裡使用的國產半導體達到七〇％（《綱要》發表時，中國所需的半導體約有八成來自進口）。《綱要》也承諾政府將投入一千五百億美元，幫助產業達成目標。北京在二〇一五年發布「中國製造二〇二五」政策，重申《綱要》內容，承諾在半導體生產的不同領域（設計、製造、封測等）建立「企業國家隊」。根據布魯金斯研究院（Brookings Institution）二〇二〇年發表的報告，從二〇一四至二〇一八年，中國政府補助三大晶片製造龍頭：中芯、紫光與華虹，金額分別占三家企業總收入的四〇％、三〇％與二〇％出頭。[13]「中國製造二〇二五」把這種國家領導的模式套用到許多其他產業，包括汽車製造業、綠能產業與航太工業。這項政策也承諾投入龐大資源，培植中國本土在生物科技、人工智慧等尖端領域的研發能力。此外，針對科技與／或製造能力具戰略價值的外國企業，「中國製造二〇二五」也加大收購力道。有趣的是，嚴格來說，中華人民共和國雖然宣稱臺灣是中國領土的一部分，但北京其實沒有把臺資企業視為前述規畫中的「我國」企業。

二〇〇〇年代初起，就開始有人擔心臺商在中國失勢，但直到「中國製造二〇二五」政策公布，焦慮之情才一觸即發。政策宣示中國有意藉由鼓勵國內創新，減少中國對外國科技與零組件的依賴，並提升中國企業在高附加價值產業的全球競爭力，以取代當時世界上的先進製造領導者。「中國製造二〇二五」，與北京透過「一帶一路」政策和亞洲基礎設施投資銀行開發新市場的國際戰略相輔相成。這兩種對外政策有其政治目標，亦即擴大中國在南亞與中亞的影響力，但政策的制定也是為了創造對中資基礎建設計畫的需求——道路、橋梁、港口、機場，乃至於消費性商品。

中國的主要經濟競爭對手，包括美國、德國與日本，皆批評「中國製造二〇二五」政策為赤裸裸的經濟民族主義，違反了自由貿易原則。各國譴責補助、強制技術轉移與國內份額目標，使中國企業在全球競爭中享有不公平的優勢，而且可能有悖於中國的WTO義務。臺灣跟各國有相同的擔憂，但也有因兩岸雙邊關係而生的特殊憂慮。中國行動方案中的另一招則是：招募人才以實現高科技發展目標，而臺灣就是一個成熟的獵頭目標。

北京此舉無疑是效法臺灣用過的一項戰術。如同臺灣當年積極招攬臺裔工程師從矽谷返國至竹科任職，北京也採取一系列的措施，旨在吸引前景看好的技術勞工前來中國。其中最有名的就數「千人計畫」，是一個邀請各式各樣背景的科學家、工程師與企業家到中國創新創業的獎勵計畫，但中國也有專門針對華語技術勞工的計畫。例如，在矽谷成立協會，促進美國與中國企業交流合作，而這其實是臺灣在一九九〇年做過的事。類似計畫的目標多半是在海外留學或工作的中國國民，但同時也鎖定外國勞工，包括許多臺灣人。臺企發現難以與之競爭：中國企業支付的薪水遠高於區域徵才的行情；許多臺灣人深信，中國科技公司若沒有中國政府的補助，絕不可能開得出這種誘人條件。

臺灣不會不戰而降──畢竟電子業占臺灣出口比重達到三分之一。臺灣企業與臺灣政府努力抵擋這股趨勢。臺灣政府在科技出口政策上頻頻變招，反映了北京方面在半導體市場的節節進逼。臺灣因此被迫要在「允許本國企業在中國市場搶占先機」與「把技術優勢拱手讓給中國企業」之間求取平衡。二〇一五年允許台積電到南京設廠的決定，是前者的代表；至於擋下紫光集團（中國半導體企業國家隊的有力人選）收購臺灣半導體封測廠，則是後者的例子。

國際上對於「中國製造二〇二五」政策的反制（川普〔Donald Trump〕發動的貿易戰是其中之一）導致北京在推動時漸趨低調。二〇一九年，中國總理李克強在人民大會發表演說時略而不提這項政策，是二〇一五年公布以來的第一次。不過，臺灣的政策制定者不太可能錯把溝通策略的變化，當成中國野心的退縮。

「中國製造二〇二五」政策鎖定的是尖端產業與領域，無怪乎中國的貿易夥伴反應如此激烈。然而，有一點須銘記在心：即使臺灣能維持在半導體領域的優勢地位，也不代表打敗了紅色供應鏈——絕非如此。中國企業已在各個產業界瓜分了臺灣公司的市占。比方說，二〇一一年，中國國內只有六家企業獲得製造iPhone的資格認證，但僅僅四年後，已有二十家企業獲得認證。[14]與此同時，中國本土品牌市占率也在提高：二〇二〇年第一季，華為、OPPO、vivo與小米等四個中國品牌就占了中國手機銷售市場的八成。簡言之，無論探討的是傳統製造業、國際品牌代工，或是高科技產業，臺灣企業都感受到中國競爭者的擠壓。李駿怡在臺灣二〇一六年總統大選落幕時，勾勒了時代氛圍：

> 臺灣必須面對現實，臺廠恐怕不久後就不在中國的供應鏈內了。問題不在政治，而在市場經濟原則。「中臺」（Chiwan）已經是過去式；如今，先在臺灣設計後在中國製造產品的公司少之又少，畢竟中國公司自己就能做設計，不然就是獵頭挖角臺灣的人力資源。[15]

一九八七年以來，臺灣企業與個人積極和中國的夥伴合作，過程對中國經濟崛起有很大的貢獻。隨著中國經濟規模漸大、實力漸強，中國中央政府、地方政府與企業，開始重新評估臺商在中國經濟中的重要性。與此同時，臺灣的官員、企業與公民也愈來愈懷疑，跟中國經濟有更多交流，到底是不是保護臺灣經濟與政治利益最好的手段。臺商總歸是受到商業考量影響，只要經濟收益減少，他們對做新投資的熱情也會降低。因此，海峽兩岸對於經濟往來的熱情都在衰退。

這個趨勢並非顯而易見，也非毫無起伏變化。兩岸貿易與投資在二〇一〇年代依然活絡。中國甚至開設新的自由貿易區，旨在吸引臺商投資。但是，等到馬英九於二〇一六年五月卸任時，就很難得出「兩岸經濟飛速整合的時代已經結束」以外的結論了。

俗話說「青出於藍而勝於藍」，意思是弟子後來居上超越了師傅。我們知道，臺商教會了中國的企業、個人與官員如何做生意。他們帶來創業資金，引進技術，並且為中華人民共和國搭橋鋪路連結全球網絡，中國因此而能成為出口導向製造業龍頭。中國企業最終在眾多產業追上了他們的臺灣「師傅」。它們努力靠自己的力量打入供應鏈；自己開發科技；自己創造盈餘作為新的投資基金。它們能有所成就，多少是因為得到北京方面的支持，但也是因為它們用功學習。還有，因為它們有好老師。

1 Kazunari Yamashita, "Taiwan IT sector battles threat of 'Red Supply Chain,'" *Nikkei Asian Review,* March 15, 2016, accessed November 25, 2020, https://asia.nikkei.com/Business/Taiwan-IT-sector-battles-threat-of-red-supply-chain.

2 Chun-Yi Lee, "Social Dimensions of the Changing Cross-Strait Relations in the Case of Taishangs," in *New Dynamics in Cross-Taiwan Strait Relations: How Far Can the Rapprochement Go?*, edited by Weixing Hu (London: Routledge, 2013), 193–194.

3 Jian-Bang Deng, "Marginal Mobilities: Taiwanese Manufacturing Companies' Migration to Inner China," in *Border Crossing in Greater China: Production, Community and Identity*, edited by Jenn-hwan Wang (London: Routledge, 2015), 138.

4 Chih-peng Cheng, "Embedded Trust and Beyond: The Organizational Network Transformation of Taishang's Shoe Industry in China," in *Border Crossing in Greater China: Production, Community and Identity*, edited by Jenn-hwan Wang (London: Routledge, 2015), 40.

5 "1992 Consensus Beneficial to Taiwan," *Xinhua News Agency*, January 14, 2012, accessed November 25, 2020, http://www.china.org.cn/china/2012-01/14/content_24405190.htm.

6 "Tourism Statistics," Ministry of Transportation and Communications, Tourism Bureau, accessed November 25, 2020, https://admin.taiwan.net.tw/English/FileUploadCategoryListE003130.aspx?CategoryID=b54db814-c958-4618-9392-03a00f709e7a&appname=FileUploadCategoryListE003130.

7 Chung-min Tsai, "The Nature and Trend of Taiwanese Investment in China (1991–2014): Business Orientation, Profit Seeking, and Depoliticization," in *Taiwan and China: Fitful Embrace*, edited by Lowell Dittmer (Berkeley: University of California Press, 2017), 147.

8 Tsai, "The Nature and Trend," 147.

9 Chun-Yi Lee, "Taiwan and China in a Global Value Chain: The Case of the Electronics Industry," in *Taiwan's Impact on China: Why Soft Power Matters More than Economic or Political Inputs*, edited by Steve Tsang (Cham, Switzerland: Palgrave Macmillan, 2017), 135.

10 Lee, "Taiwan and China," 142.

11 張寶誠，〈臺商轉型升級與因應策略思考〉，「大陸臺商轉型升級：策略、案例與前瞻」研討會發表論文，臺北，二〇一二。

12 Dieter Ernst and B. Naughton, *China's Emerging Industrial Economy—Insights from the IT Industry*, paper prepared for the East-West Center Conference on China's Emerging Capitalist System, Honolulu, Hawaii, August 10–12, 2005.

13 Saif M. Khan and Carrick Flynn, "Maintaining China's Dependence on Democracies for Advanced Computer Chips," *Global China: Assessing China's Growing Role in the World*, Brookings Institution, April 2020, accessed December 15, 2020, https://www.brookings.edu/wp-content/uploads/2020/04/FP_20200427_computer_chips_khan_flynn.pdf.

14 Gordon Sun, "Evaluating the 'Red Supply Chain'," Taiwan Institute of Economic Research, 2015, accessed December 15, 2020, http://english.tier.org.tw/V35/eng_analysis/pec3010.aspx?GUID=4f51831c-f5a2-4865-8c74-5a367e31ad79.

15 Lee Chun-Yi, "Green Taiwan vis-à-vis China's the Red Supply Chain," University of Nottingham Asia Research Institute Blog, 2016, accessed December 15, 2020, https://theasiadialogue.com/2016/01/22/green-taiwan-vis-a-vis-chinas-the-red-supply-chain/.

第七章

「借船出海」：臺灣商道在中國

本書開頭提到一個謎團：即中華人民共和國，一個在一九五〇年代、六〇年代與七〇年代將產業國有化、放棄市場經濟、徵收私有財產的國家，是如何成為全球出口製造業霸主的？針對這個問題，前六章以一段歷史回顧作為答案：由臺灣與香港公司領頭的外資企業在中國設廠，利用中國的土地與勞力，為國際市場製造產品。當外資企業這樣做的時候，等於為中國企業創造了可以就近效法它們的環境，最終更將它們取而代之。

若是沒有臺商與其他跨國投資人，中國恐怕需要好幾十年才能發展出自己的產業並打入全球市場。但臺商的貢獻絕不只是在中國境內開設業務，把產品出口到外面的世界；他們造成的影響比上述深刻得多。臺商引入中國的新式商業做法，比他們投資的錢重要太多了。他們向中國管理人才和企業示範如何參與全球市場。他們將中國勞工整合進全球供應鏈。他們為中國企業打開與國際品牌合作的大門。臺商還把新產品、新產業與新的生活方式介紹給中國消費者。接下來幾章，我將詳述臺灣企業改造中國商業、經濟與社會的幾個途徑。

中國人幾乎什麼事都要來個四字訣，他們用「借船出海」來形容中國如何汲取出口導向製造業的經驗。就此而論，這艘「船」是臺灣打造的船。

紅色供應鏈既已崛起，這艘借來的船也就不像幾十年前那麼重要了，而且它的重要性無疑在未來還會進一步減弱。在中國本土創立的企業，已學會如何自己經營出口導向製造業，也正在跟國外顧客建立關係，毋須仰賴臺灣的人脈。但是，如果當年沒有搭臺商的便船，現在能有這種成績嗎？恐怕很難。

一九八七年，第一批臺灣旅客在中國降落時，他們身處的經濟體跟自己的家鄉大為不同。進入「改革開放」十年後，中國經濟仍由國有企業主導。至於基層，地方政府則跟通稱「鄉鎮企業」的半私人企業過從甚密。中華人民共和國長期汙名化私人企業，導致許多想創業的中國人會以鄉鎮企業的名義登記。與此同時，從中央計畫經濟時代延續至今的雙重定價制度，使國有企業可以用比其他型態企業更低的價格取得物料；因此，在這個局部改革的經濟體中，許多國有企業管理者與中央官員是將大把時間用在套利與收租上。

這種處處制肘的環境，跟臺灣小規模企業老闆習慣的資本主義無拘無束模式大相逕庭。但對敢闖的人來說，潛在的收益也很驚人。中國極為渴望成長，但表現孱弱。土地成本低，失業與就業不足是很普遍的現象。各級政府官員迫切想覓得外部投資。緩不濟急的改革步調加上中國政府的高度期望，為精明（且幸運）的投資人創造了龐大的商機。

而且一九八〇年代中期時，臺灣傳統製造業正在流失競爭力，這就意味打頭陣的臺商不只是因為商機而被吸引過去，同時也是因為必須破釜沉舟奮力一搏。即使如此，那些開路先鋒並沒有被中國的商業潛力蒙蔽了判斷。他們謹慎行動，但一定會有行動。不像其他外國投資人，臺商會避開合資的做法。他們投資時把身家全押上去，落腳中國，親自經營。需要有人協助管理協助時，他們會僱用臺灣人，而非當地中國人。他們重金禮聘自己信得過的經理人，都是一些真正在市場體系中磨練出來的人。「臺商」的意思是「臺籍企業主」。臺商延攬至中國協助自己經營事業的專業白領，則成為所謂的「臺幹」，也就是臺籍經理人。

轉往中國經營的大多數公司，跟臺灣眾多中小企業一樣，是代工業者。它們之所以決定離鄉背井，把生意搬到臺灣海峽另一岸，是因為國際顧客要求降低成本。國際品牌樂於延續與臺灣代工業者的關係，但關鍵在價格；對臺灣代工業者而言，經營成本的上升，把利潤壓縮到了臨界點。若有以更低成本提供相同產品的能力，臺商的存活和利潤的增加（至少短時間內）就都有希望了。

第一波臺灣投資人在中國創造出非常特別的商業模式。這種商業模式允許**中國商品**進入全球製造業網絡，但不允許**中國企業**進入上述網絡。漸漸的，個別中國公民爬上管理職，學到了這種商業模式。接著有人自己開業，或是把這份知識傳遞給其他中國本土企業。時日一久，臺商在一九八〇年代晚期與一九九〇年代引進中國的商業模式，其中許多特色也就逐漸為中國所吸收或者本土化。紅色供應鏈興起，就是這段學習歷程的直接結果。

臺商模式的關鍵特色之一是群聚模式（clustering），臺商企業傾向在中國某幾個省分與城市安家落戶就是這個模式的展現。當然，這些地區之所以吸引臺商，是因為經濟因素使然，像是鄰近港口與身處經濟特區。但他們也是為了成群結隊以求安全。最早的投資人偏好獨立廠房；他們租用設施，再從臺灣買來二手設備。但即使是獨立廠房，還是會設在彼此附近，因為臺商覺得這樣比較放心。

地方政府更強化了臺商這種喜歡就近照應的根深蒂固習性：那些成功吸引臺商的地方政府，往往大力支持這種策略，以得到更多臺商青睞。上海或許是臺籍居民最多的城市，但上海龐大的都市規模，使這些臺籍人口的經濟影響力隱而不顯。然而在幾座比較小的城市，像是昆山（上海以西約一小時車程，是數千家臺企的所在地）、廈門（跟臺灣本島距離最近的中國城市）與東莞（深圳外圍，離香港不遠），臺商則令當地的經濟與社會改頭換面。

中國開放最早、最積極的地區，也是被臺灣投資改造最多的地區。在臺灣注入第一波投資期間，廣東與福建兩省吸引了流入總資金的三分之二。這兩個省也是中國一開始成立經濟特區的地點。天安門鎮壓結束後，鄧小平希望恢復改革開放的活力，於是他前往廣東經濟明珠：深圳。廣東與香港比鄰，因此成為香港（當時為英國領土）投資人與臺商的首選，他們大多會利用香港作為間接投資的基地，以及作為打入中國的突破口。初期從臺灣來的人眼光緊盯深圳郊區東莞，在此打造出廣大的臺灣企業與個人網絡。這種群聚效應會自我強化：隨著這一帶的臺企密集程度提高，就變得更能吸引臺資進駐。臺菜館與臺式娛樂設施很快也隨之而來。

江蘇省成為臺灣投資節點的道路則與之不同。長江把江蘇一分為二。南部的經濟發展模式（所謂「蘇南模式」）大力仰仗鄉鎮企業，留給外資企業的空間不多。昆山則是例外。昆山太小、太鄉下，發展不出活絡的鄉鎮企業，但昆山有目光長遠的領導層。他們看到臺灣投資人帶來的商機，於是把握時機招商。臺商口中的昆山市政府服務周到，總是設法協助臺企蓬勃發展。市政府有一整個辦公室是專門為了照顧臺商、吸引更多臺商而設。這間辦公室的成員可說是把積極寫在臉上：他們知道自己的工作內容，對於將昆山市轉型成外資聚集的中國標竿城市來說相當重要。二〇一四年，昆山慶祝第一批學生來到跨國合辦、對全中國與世界各地招生的杜克昆山大學（Duke Kunshan University）就讀，而這場盛事就是昆山努力轉型的一個實例。

無論臺商在中國哪裡落腳，都會形成產業群聚模式——彼此為鄰，各自專精於製程中的某個特定任務，同心協力生產出成品。一個群聚體系的內部並非競爭環境，而是合作環境。數十年來，群聚模式都是眾所公認可以改善產能、擴大經濟規模、使專業分工最大化、讓運輸成本最小化，以及促進創新的途徑。群聚體系藉由共享資金、技術與實用知識，促進了創業精神與能力。為確保最終成品能順利配送，群聚體系內部的財政資源甚至是可以挪移調動的。世界經濟論壇（World Economic Forum）點名臺灣為全球群聚發展模式的領導者；學界也同意群聚模式是造就臺灣經濟成就的一大關鍵。

有些製造業的群聚體系是階層架構的「中央—衛星」體系。在這類群聚體系中，會有一家領頭企業協調製程，打點與顧客的關係，安排配送體系內部無法自行生產的零組件，至於隸屬於體系的「跟班」企業則執行各自的生產任務。有些群聚體系則以水平方式組織，由中小企業網絡針對特定製程進行協作。兩種群聚體系的供應鏈中，都有幾間因為各種因素而留在臺灣的企業。據估計，臺灣在一九九〇年代對中國的出口中至少有三分之一（可能多達三分之二）是銷往臺商企業。以iPhone為例，雖然打上了「Made in China」的字樣，但手機帶來的價值裡，中國本地組裝廠貢獻不到四%。[1]來自臺灣與其他地方的零組件，對於價值的貢獻遠高於此。臺商企業也很仰賴在臺灣的事業夥伴提供商業服務與研發成果。

群聚模式有幾個大優點，其中之一就是使企業可以高度專業化，進而提升品質、可靠度與成品的配送速度。企業對於各自任務的專精程度，讓它們有能力迅速根據產品設計變更做出調整。它們採用一種俗稱「兩頭在外」的生產模式：把從國外進口到中國的原物料與零組件組裝為成品，然後再出口到國外市場。由於隸屬群聚體系的企業所生產的零組件，會刻意做到能與體系內部其他企業（以及各地企業）所生產的零組件相互批配，最後的成品等於是模組化的成果，裡面的部件都是可以替換的，有利不斷創新，客製化也很容易。以高科技領域來說，我們不妨想像以下的畫面：星期六夜裡，在芝加哥的一間星巴克，買家用店裡的免費Wi-Fi下單客製一臺個人電腦。美國的品牌業者在星期日將訂單轉給臺灣供應商。日本、韓國、臺灣與中國製造的零組件在中國南方的廠房裡組裝成型，星期五之前就出貨前往芝加哥。這種「九八三生產流程」真是神乎奇技：九八%的零組件在三天內集於一處組裝，成品不到一週便能出貨。之所以能夠達到這種速度，是因為製造業群聚體系對於製程掌控已到爐火純青的地步。

早在往中國發展之前，臺灣人已是採取群聚製造業模式，但沒想到這種產業組織方式竟與中國的商業環境一拍即合。許多產業的群聚體系從臺灣一整個遷往中國。一旦在中國安頓下來，這些群聚體系就變得愈來愈緊密，愈來愈排外，社會學家陳明吉因此戲稱它們為「空中堡壘」。[2] 陳明吉這個比喻實在很有畫面，引人聯想到一種自給自足、不假外求的結構，而且固若金湯、難以滲透，跟所在地的社群保持著若即若離的關係。這個形容真是貼切。

供應鏈網絡遷往中國，對於顧客的影響意外地微乎其微。所有權與管理方式並沒有改變；供應鏈的組成也幾乎不受影響。臺商仍經常舉辦貿易展，數量眾多的攤位展示著從塑膠射出成型到電子組裝等製造服務，供跨國公司買家參觀瀏覽。臺商企業的顧客群也沒什麼改變，而且至少在一開始時，這些臺企所販售的產品維持著大致一樣的水準。臺灣製造商把降低的部分成本反映在價格上，這無疑讓顧客相當滿意。價格雖然降低，但在中國發展的臺灣製造業者也看著利潤不斷增加。臺灣經濟的一整個領域就此回春。

讓臺商在中國經營得風生水起的那套產業做法，其實並非臺灣獨創，而是商業社會學家所謂「商品鏈」（commodity chain）生產方式的經典案例。霍普金斯（Terence K. Hopkins）與華勒斯坦（Immanuel Wallerstein）在一九八六年創造了「商品鏈」一詞，用於描述生產流程；在這個流程中，勞工、經理人、企業、原物料與零組件製造商等個別行動者形成網絡，彼此協作。[3] 杜克大學教授傑瑞菲（Gary Gereffi）擴大關注範圍，把眼光延伸到生產之外，將生產廠商與設計、行銷成品的公司二者間的企業關係也納入考量。[4] 傑瑞菲在研究中強調製造業生產模式在一九八〇年代之後有個明顯轉變：他發現，有愈來愈多的生產活動不再是由個別企業或小規模合資公司以單打獨鬥的方式執行，而是由跨國網絡內的生產者成員一同合力製造，為專精於設計與行銷的品牌企業做代工。

全球商品鏈是今日全球化經濟不可或缺的結構。因為有全球商品鏈，國際品牌藉由將「簡單」的工作外包給薪資水準低的地方，把比較複雜的製程留在技術水準高的地方，便得以用盡可能低的成本製作出品質可靠的自家產品。最終組裝可以交由任何一個在「薪資」與「技術」上達到兩全其美的地方來完成。同時，供應鏈的管理也是外包給瞭解首尾流程的包商，以利整個複雜精細的機制運作得更加順暢。

這些由買方主導的全球商品鏈，正是臺商企業藉以打入全球經濟的主要管道。它們為零售商（例如Target或沃爾瑪等百貨）、品牌商（Nike、Apple）和貿易商提供代工製造服務。臺商是搶手的外包夥伴，因為他們能夠以具競爭力的價格穩定提供高品質產品。還有一點也很重要：他們相當瞭解品牌公司營運之地的經濟與政治環境。說到出口導向製造業，他們可是**比誰都懂**。

品牌公司必須拿捏好眾多互斥的價值，例如成本、品質、可靠性、配送速度與對智慧財產的保障。對每一家公司，甚至對每一種產品來說，上述這些價值的理想比例配置都各不相同，而設法將這些價值最大化更是艱鉅的管理挑戰。在製造業逐漸全球化的同時，臺灣代工業者因為能以領頭企業所能接受的價格提供所需而累積起良好紀錄。在這過程中，它們也幫了中國一把，將其整合進全球供應鏈。

臺商企業把中國「整合進」全球供應鏈——這句話是什麼意思？意思是臺商企業使中國勞工與社群成為上述供應鏈製造活動所不可或缺的一分子。臺商的空中堡壘僱用中國勞工，繳稅給中國地方政府，挹注基礎建設，促進中國的出口（繼而推升貿易順差與外匯存底）。他們跟中國地方官員密切合作，藉此確保從取得用地到廠房興建一切順利。但把中國「整合進」全球供應鏈的意思**並不包括**把由中國公民成立和擁有的企業整合進供應鏈。其實，直到二〇〇〇年代中期，臺商供應鏈都很少納入中國本土企業。中國清華大學臺灣研究專家劉震濤用「老死不相往來」這六個字，來描繪臺商企業與中國公司之間的關係。

對中國公司來說，想打進臺商供應鏈之所以很有難度的原因很多。首先，臺灣的生產群聚體系與網絡通常是完整照搬到中國，而不是在當地有機形成，所以中國企業的切入點少之又少。堡壘內部的製程已行之有年，能夠精準協調時程以達成零組件及時配送。即使堡壘居民在生產過程中加入了新的品項，他們仍是不大可能往城牆外找供應商，不過在某些情況下，中國企業得以藉由提供空中堡壘內部缺乏的資源而進入供應鏈。

中國企業很慢才進入臺商供應鏈的另一個原因是：臺商比較喜歡跟臺商合作。他們認為臺灣人夥伴值得信賴，臺灣人跟中國人之間的信任關係則很薄弱。在臺商公司的社群內部，給予自己人優惠條件、甚至把還款期限再延長，是有可能發生的，畢竟在緊密且互相依賴的社群中，欺騙的代價極為高昂。由於中國人不是社群成員，不用遵守社群準則或內部規範，因此容易違反默契，乃至利用他人慷慨占他人便宜。加上中國法律架構薄弱，強制履約的力道不足，一旦被中方夥伴欺騙，很難找到救濟途徑。（有一本臺商前進中國指南，書名叫《前進中國的十堂必修課》，第一章章名就叫〈法律是臺商的最後一道防線〉。）我訪問過的臺商深以為中國人有不同的文化，一種強調自利的文化。他們認為跟中國人保持距離比較安全。一位服裝公司的外派經理說：「我會利用我與其他臺灣人的關係來把事情辦成。要取得信任就要付出。」

臺灣投資人之所以往中國發展，是因為別無選擇，雖然他們很快就看到那裡有的潛在獲利機會。但是，中國當地人為何這麼歡迎他們，甚至願意給予優遇？人們很容易把中國人招募臺商的積極熱切歸諸「文化相近」，但從制度面因素來解釋更有說服力。

要解釋中國地方層級對外資的渴望並不難。首先，中國經濟在毛澤東時代結束時既落後又停滯，資金缺口遠超過中國不多的資本存量所能填補的程度。一九八〇年代的鄉鎮企業活動潮，推升了中國鄉村生活水準，為無數地方創造出它們亟需的財富。但鄉鎮企業不是中國長期發展的解答。這類企業資本不足，管理不良，主事者沒有經過真正的市場經濟洗禮，而且擁有這些鄉鎮企業的地方政府往往為了短期需求而把它們生吞活剝。儘管有諸多不利因素，中央政府對資本主義的反感仍使鄉鎮企業不用承受來自私人企業的競爭——政府只允許私人企業僱用少少幾個員工。而外資公司又只能在經濟特區裡經營。與此同時，中國對於人口移動嚴加控制，也導致鄉鎮企業難以成長，因為這使得鄉鎮企業能獲得的勞動力深受地方人口數量所限。

中國政府的經濟政策制定者在一九九〇年代改弦易轍，採取一系列市場導向的改革措施，專注於發展中國都市。他們拋下對資本主義的疑懼，不再限制私人企業的員額，並鼓勵某些國有企業參與市場競爭，甚至私有化。中國都市經濟的另一次大躍進，是在政府取消人口移動限制後。鄉下人湧向都市找工作；不到十年，民工人數翻倍，不久後又翻了幾番。到了二〇一九年，有將近三億中國人在戶籍地以外工作。

一九八〇年代發展起來的鄉鎮企業和小小私人企業，根本無法與資源豐富的都市企業競爭，一下子就消失了。中國的經濟主事者沒有惋惜這類企業的消亡；他們正集中力量促進都市地區的活力與機會，而他們發現外資企業是促成這兩個目標的神兵利器。[5]無論是獨資型還是合資型，擁有外資的企業可以僱用本地勞工，可以繳稅給地方政府，還自帶資金、專業技術與行銷管道。而且，出口導向外資企業為中國經濟創造的收入，是來自半個地球外的消費者口袋，對中國來說可謂一筆十分划算的交易。

一九八〇年，中國實施財政去中心化政策，為外資進入鋪平了道路。新政策允許地方政府保留從地方企業（尤其是私人與外資企業）收到的大部分稅收。地方政府還可以收取土地使用費，這筆錢可是占某些地方政府的一半歲入，而且它們還有權徵收特別費與規費。這些政策大大激勵了地方政府，大門一開，它們便衝出去尋找外資。

個別地方官員也有追求外國投資人的動機，畢竟吸引資金，就是加官晉爵的保證。中國共產黨的晉升制度，把官員的經濟管理表現擺在第一；地方GDP成長愈快，官員往上爬的速度跟著加快。有些地方甚至有規定各官員應達成的招商投資額度。

地方政府不只有強烈的動機想吸引投資，它們對於這些投資未來命運將會如何也有極大的裁量權，並且利用這樣的裁量權，毫不避諱地競相爭取外資青睞。田群建在二〇〇六年寫道：「為特定外國經濟利益而起的競爭，造就了一波『開放浪潮』（open-door bandwagon），有效地把地方政府轉型成『商業共和國』（commercial republics），在這類國度裡，規則可以扭曲，規範可以忽略，而法律僅供參考。」[6]

「土地」與「勞力」是外國製造業者在中國成立公司所需付出的兩大成本。兩者均控制在地方政府手中，另有無數能影響企業獲利的安排也是如此。

中國沒有私人土地所有權；根據法律，中國所有土地皆為國有，而地方政府握有行政區內的土地使用權。地方政府因此能操縱土地價格（更精確地說，是操縱土地使用權），作為吸引投資人的手段。講到吸引外資，廣東是最成功的中國城市之一，也是「騰籠換鳥」政策的創始者（這項政策後來也傳播到其他地區）。所謂「騰籠換鳥」，是指把舊工廠擠出黃金地段，好讓新工廠進駐。遷廠的企業可以獲得補償，而出讓農地給遷址廠房使用的農民也能獲得補償，因此「騰籠換鳥」理論上是一種雙贏的做法。根據我訪談的幾位臺灣學者的說法，東莞市決定從傳統製造業升級為高科技產業時，是將整個傳統製造業連根拔起。

至於勞動力，中國地方政府雖然不像擁有土地那樣擁有勞動力，但它們可以讓企業更容易招募及留住勞工。昆山的一大強項，在於跟上海比鄰；昆山跟那座巨型城市既保持著足夠的距離，免去了令人咋舌的開銷，但又近得足以吸引高科技企業努力延攬的高級技術勞工。不過，比較少人知道的是，昆山還有善於巧妙操縱政策、控制勞工流動這一強項。中國有全國性的戶籍制度，多種公民權（包括受教權）跟個人所在的戶口有關。多數中國人的戶籍登記在他們（或是父母）的出生地。地方政府決定了授予戶籍的條件，也決定了有哪些特權是由本籍地居民所獨享。也就是說，地方政府可以提升或降低本地對外來人口的吸引力。

昆山市戶籍政策在中國是數一數二的寬鬆，不僅取得都市戶口相對容易，還提供優渥福利給外來人口（指生活在昆山但沒有當地戶籍的人）。這項政策利於市內各行各業招工，有趣的是其中就包括市政府本身。我曾走訪昆山市政府，與招商部門的中階官員會面。他告訴我，自己很幸運能在昆山市政府工作。他詳盡解釋，由於自己生在外省，通常不可能在本籍地以外找到地方政府的工作。但他說昆山對聘用「外人」態度特別開放。從他的積極與投入，不難看出昆山優渥的勞動政策不僅能夠提升勞工的素質，也能強化他們對本市的向心力。

研究中國外資時最教人難以置信的發現之一就是，不久前中國政府實施的政策，其實都是犧牲中國本地企業來成就外國公司。中國新創公司光是要籌集所需的資金、技術與市場就夠難了，偏偏多年來它們還得遵守比外國競爭者更多的規範，繳更多的稅，要跟外資企業競爭簡直難如登天。上到中央政府，下到個別縣市的各級政府，皆採取優待、激勵外資的措施。比方說在二〇〇〇年代之初，江蘇省（也就是昆山所屬省分）的國有企業與鄉鎮企業所得稅率為五五%，而臺商企業只要一五%——新落地的臺商還有五年免稅期。這類政策的目標，在於帶入國外資本與技術知識以跨接中國經濟發展，最後也的確實現了。

但是，有志創業的中國企業家卻是等了又等，才輪到自己大展身手。

從本章開頭到這裡，我講述了一段中國如何吸引一般外資的故事，在這樣一本特別以臺灣投資人為主角的書裡。中國確實歡迎世界各地的投資，來者不拒。不過，出於經濟、政治與社會等多重因素，臺灣的確也扮演了特殊的角色。

臺灣人之所以能在中國經濟起飛過程中發揮特別大的影響力，多半還是因為占盡天時。中國對外資開放的那一刻，兩個經濟體恰好完美互補。臺灣傳統製造業領域由大部分坐落在小城鎮的中小企業所主導，它們懂得如何生產和販賣世界各地消費者願意購買的商品。它們沒有打算坐大，也不期待官僚把自己扶植成「企業國家隊」。它們習慣苦幹實幹，習慣競爭。它們需要的是降低自己的成本。說起來，早期到中國的臺灣投資人，可說是中國鄉鎮企業的私有化加強版，所以既能滿足中國的經濟需求，又能符合其制度條件。這些先驅為後來一波波的投資人鋪設了一條康莊大道。

李駿怡提出了令人信服的理由來證明中國偏好臺灣投資人亦有其政治理由。[7] 她主張北京方面起先視臺商為眾多投資來源之一，無論是哪個來源，地方政府都可以按照自己的需求加以發展。然而在一九九四年前後，中國中央政府開始意識到臺資有潛力可以推進統一戰略目標，於是著手鼓勵地方給予臺企優惠待遇。對當地人來說，這意味著吸引臺商投資不只是為經濟加分，也是吸引中央青睞的方法。二〇〇〇年，臺灣選出疑中派的總統陳水扁，北京方面於是加大吸收臺商為政治盟友的力道。中國政府給予臺商影響地方層級政策的機會，希望爭取他們對統一大業的支持。李駿怡表示，北京在二〇〇五年之後對上述路線失去信心；吸收臺商影響臺灣兩岸政策的做法恐怕是失敗了。不過，臺商仍是地方層級重要的經濟因素，許多地方也持續給予優待。

社交方面，臺商也跟中國經濟臭味相投。相較於看重法律規範的他國投資人，臺灣人對中國做生意那種套近乎的做法感到更自在。缺乏法律指引與明確的權威界線，令許多外國投資人在中國經商時倍感艱辛。儘管經商指南類書籍對於跟中國人互動的複雜規矩有詳盡的說明（「絕對不要把中國人的名片用迴紋針夾起來」、「要從與自己同行的人中找一個來專門擋酒」、「注意吃飯時的座位安排」），許多外國投資人還是為之卻步，寧可選擇透過當地（或臺籍）代理人交涉工作，以免觸犯中國某些看不見、摸不著的不成文規矩。

臺灣人並不覺得在中國經商很容易，但相較於其他國家的投資人，他們確實有些優勢。首先，他們跟中國聯絡人講一樣的語言，同時也瞭解飲宴應酬的規矩。但更重要的是，他們樂於動用個人關係解決商場問題。他們並不期待白紙黑字；他們習慣模糊；比起等待許可，他們寧可先出手再道歉。跨國大企業習慣與目標國官僚合作，由他們引導自己進行投資，但臺灣中小企業老闆卻是習慣在沒有政府幫忙的情況下把事情搞定。臺商已習慣臺灣的發展模式（為中小企業創造條件，然後收手），也就是習慣在有彈性、非正式的環境裡活動。事實上，完全不用跟中國中央政府打交道，反而讓他們相當開心。

一九八〇年代的中國就像西部荒野，無法預測、刺激、頗有危險。但荒野裡還是有警長，想在中國成功，就得弄清楚誰是老大，與其結交。打頭陣的臺商很快就領悟到，地方官員（尤其是共產黨各級地方書記）在決定地方事務上有極大的裁量權，連經濟事務也不例外。只要有他們撐腰，幾乎什麼事情都能成，反之則一切免談。跟地方官打好關係——給他們送禮、設宴款待他們，或是同意支付大家都知道會進官員口袋的「規費」——是在中國經商必不可少的環節。

地方政府在執法與管理上有極大的彈性，這對投資人來說通常利大於弊，但這是把雙面刃。同一名地方官可以在一年前為有意遷廠的企業提供難以抗拒的誘人激勵，卻也可以在一年後要求該企業支付協議中本來沒有的鉅額費用。這種想怎麼幹就怎麼幹的權力，在尋找事業夥伴的階段感覺很吸引人，可一旦工廠蓋好、外國投資人抽不了手，同一股力量也可能轉為掠奪的力量。所有投資人都得面對這些風險，許多西方企業家在中國血本無歸，但臺灣投資人特別容易深受其害，而他們之所以如此與他們之所以特別成功的原因是一樣的。臺商深入中國地方經濟，參與套關係與送禮物的遊戲，因此也得承受此中弊端。

臺商常常發現自己站錯邊，找錯人來罩，或者找到錯的夥伴。二〇〇三年，一群失望的臺商成立了「臺灣投資中國受害者協會」，旨在讓同胞瞭解到對岸投資的風險。《今日台灣》電子報（*Taiwan Today*）採訪該協會的成立，報導中提到好幾個警世案例，其中包括一家塑膠製造商因為公司的中國籍副手侵吞設備在內等資產，結果失去五十多萬美元的事情。一名失意臺商告訴《今日臺灣》記者：「投資中國是我這輩子最後悔的事。」報導表示，文中提到的案例「只是冰山一角」。

許多國家的投資人提到在中國受騙，但臺灣投資人尤其容易受害。臺灣人在中國無法向大使館或領事館求助，臺灣政府對中國地方政府的制衡力也趨近於零。赴陸投資初期的情況尤其險峻。為因應缺乏正式地位的困境，臺商成立了「臺商投資企業協會」，情況才逐漸改善。除了地方層級的臺協，中國也有省級與全國性的臺協。每一個層級的臺協，中國國務院臺灣事務辦公室（國臺辦）都設有與之對應的各級臺辦。

臺協逐漸成為臺商最起碼的保障，同時也迅速轉化為另一種相當不一樣的力量——形成一股臺商得以用來影響政策、鞏固地位的集體之聲。他國外資遭遇麻煩時，往往尋求中國對外貿易經濟合作部（Commission on Foreign Economic Relations and Trade，簡稱CFERT）協助。臺商有資格走這條管道，但他們也可以找臺協，以及專為臺商成立的單位：臺灣事務辦公室。上至北京國臺辦，下至縣市臺辦，各級臺辦都有兩種功能：一是促進臺灣人與中國人之間的正面互動（吸引臺資也包括在內），二是實踐中國的兩岸關係政策。臺協是這兩個工作的重要目標——李駿怡在氏著《臺灣商會是中國國安資產？》（*Taiwanese Business or Chinese Security Asset?*）提到，中國對於兩岸關係看法的轉變，為臺協創造了服務其成員的新契機。

臺商一到中國，就開始考慮集眾人之力保護彼此共同利益，但地方政府不願意為臺商的集體行動背書。地方官寧可與個別臺商培養關係，而不是跟他們集體打交道。但是，隨著臺商人數漸增，政府需要更有效的溝通與管理模式。

東莞是第一個允許臺協成立的地方。當地政府認為，允許臺商成立正式組織，有利於當地臺辦打入乃至於影響臺灣人社群。此外，李駿怡指出在一九九〇年代初期，中國中央開始把臺商視為具有重要戰略意義的群體，一座潛在的橋梁，能夠幫助中國推進在臺利益。北京鼓勵地方跟臺商建立正式關係，以期發揮上述潛力。臺灣政府也發現臺協有其大用，能讓臺灣政府跟臺商之間的聯絡更有效率。兩岸關係良好時，臺協會與臺灣負責兩岸問題實務工作管理的半官方組織海基會合作。臺灣與中國關係緊張時，海基會管道會被切斷。臺灣總統蔡英文在二〇一六年就任之後就是這樣，臺協於是變得更加重要。

臺協有許多功能，其中最重要的兩項是幫助臺商克服商業挑戰，以及代表臺商群體與地方官員建立關係。甚至在還沒有決定要投資前，臺灣企業家就能受惠於臺協提供的情報。對於初來乍到的臺商，臺協是個提供建議與意見的良好來源——會內成員已累積了數十年的經驗。一旦臺灣人在中國碰上麻煩，從交通意外到觸法，臺協都可以透過關係協商出好的結果。

家具製造商郭山輝主導下的東莞臺協，堪稱臺商界的傳奇。郭山輝是雙贏專家：找出讓臺商與東莞市政府一起發達的機會，就是他的獨門絕活。比方說，他說服東莞市政府將土地低於市價賣給臺協興建總部。他評估當地臺商財力，以給予建築物持分的方式集資，資助營建經費。落成之後，售出持分便能回本。臺商拿回了自己的錢，東莞鬧區則出現一座漂亮的辦公大樓。計畫之所以能推動，郭山輝跟當地官員的關係，以及在臺商間的人望是其中關鍵。郭山輝也是引介臺灣頂尖醫療團隊到東莞開設臺資醫院的幕後推手，他還聘請一位優秀的美國貿易專家擔任中國家具製造商的代表，幫助這些同業擋下美國政府課徵的反傾銷稅。

隨著臺協逐漸壯大，臺商與中國地方官員都發現其價值。對中國地方政府而言，臺協是招募臺商、留住臺企的可靠盟友。臺協在海基會協助下，成為潛在投資人的重要情報來源，定期於中國與臺灣舉辦活動，並且架設網站及設立圖書館。它們幫助臺商通過重重規範與要求，也給他們信心，讓他們知道即使出了問題也不會孤立無援。臺協帶來的最終結果，就是整體投資的增加。與此同時，過往臺商與地方官員之間的互動完全是非正式的，如今在臺協推動下，雙方關係也走上正軌。

臺協創造雙贏結果的另一個例子，發生在稅務領域。二〇〇四年，北京對於低報僱傭規模，藉此規避所得稅的公司嚴加打擊。由於擔心受罰，一些臺協便跟地方政府裡的友人商討臺商繳稅的「公道價」。地方官員認為北京制定的稅率過高，而他們也不想失去投資之利（以及地方稅）。消息來源表示，最終臺商同意支付一筆「合理」的稅金，地方政府則同意不要深究。一位臺灣的臺商觀察家解釋道：「你繳得比以前多，但比本該付的來得少。**而且這還完全合法！**」

一九九〇年代中期到二〇〇五年左右，是臺協的鼎盛時期。對臺灣投資人與中國地方政府而言，臺協是化解衝突、促進互利的有效手段。不見得每個臺商都對臺協的表現有好印象（好幾個臺商告訴我，臺協不過是些吃飽太閒的臺商誇誇其談的地方），但臺協確實有些成就，例如協助昆山市官員根據臺灣模式成立加工出口區。臺協最大的成績，或許當數在幾個城市辦學，給在中國工作的臺灣人的孩子就讀。臺灣與中國的大學入學流程皆以考試為基礎，因此學生很難在這一邊讀中小學，卻去另一邊讀大學。許多臺商家庭因此分隔兩地——母親和孩子留在臺灣，父親人在中國。臺商子弟學校成立，至少讓少數城市的臺商家庭不用面臨這種兩難。

即使在臺協的全盛時期，臺辦對於其政治目標也一刻沒有或忘。提供更有利的投資環境、升級基礎建設、讓臺商統管涉己事務等等，中國政府做這些事情都是出於自利的考量。經濟很重要，但長期目標未曾改變。中國領導層希望藉由臺灣與中國之間在經濟上的結合，藉由提供友好有利的環境讓臺商興隆，來推進政治統一的大業。同時，地方政府樂於配合能為自己帶來優質、鉅額投資的政策。儘管其他外國投資人對臺商得到的優待頗有微詞，但中國各級政府始終把與臺灣投資人的良好關係擺在第一位。

當然，北京方面與臺商之間的關係不盡然是正向強化，有時候中國的行動更是越線成為積極政治干預。二〇〇〇年，陳水扁當選總統後，中國政府對先前表態支持這位民進黨候選人的臺商嚴加打擊。中國官媒《新華社》發表嚴正威脅：「個別臺灣工商界的頭面人物一方面在島內公開支持『臺獨』……另一方面又從與祖國大陸經濟活動中撈取好處，這是絕對不允許的。」[8] 這番指摘顯然是針對幾位曾經支持陳水扁，或者提供他建言的著名臺商，其中不乏臺灣一流企業家：宏碁電腦的施振榮、樹脂業龍頭奇美的許文龍，以及長榮海運鉅子張榮發。雖然他們的公司沒有蒙受重大損失，但各企業遭到騷擾的情況仍見諸報端，不勝枚舉。

形式更直接的干預則發生在臺灣選舉期間。過往幾次選舉，地方臺辦皆鼓勵臺協包機讓臺商回國投票（臺灣沒有不在籍投票）。不過，即使中國政府與眾多民進黨支持者認為臺商是國民黨鐵票群，但沒有人真的知道臺商到底投給誰。就算臺商支持國民黨的比例極高，返鄉投票的臺商人數也很難影響選舉結果。

陳水扁第一任總統任期間，北京方面大力促進臺協與臺辦之間的互動。一九九九年，陳水扁之前一任的總統李登輝把兩岸關係形容為「特殊國與國關係」，此後北京就切斷與臺北的溝通管道。中國層峰深信臺商是影響臺灣的最佳選項，陳水扁當選後他們更加確信。中國高層官員拜會臺協中最人的幾間，臺商更在二〇〇二年獲邀參與地方層級的人民代表大會與政治協商會議——這些都是正式代議機構。海基—海協渠道在馬英九擔任總統期間（二〇〇八至二〇一六年）重啟，甚至相當熱絡，但蔡英文在二〇一六年就職總統時，北京再度中止兩會的交流。半官方關係有起有落，但臺協持續發揮作用，與同級的臺辦夥伴合作。

第一批臺灣人在一九八〇年代造訪中國時，看見的是個亟需經濟契機的社會。他們遇見的是渴望工作的勞動力、遭到低估的資源，以及雄心勃勃的地方政府。他們為中國帶來資金、技術、商用知識，以及全球性企業的訂單。他們群聚一方，打造出很大程度上獨立存在於所在地社群的「空中堡壘」。他們付出工資和稅金，也為了更好的待遇與地方官員協商。隨著臺商參與中國經濟的規模愈來愈大，他們團結起來，組成正式組織，在超越個別地方的層次上增進臺商利益。

中國官員是上述過程中不可或缺的環節，他們也亟欲得知臺商成功的祕訣。進入臺商企業擔任主管與事業夥伴的中國公民人數愈來愈多。有些人根據臺灣的企業模式自己創業，所用技術有時候就是從原本任職的企業學來的（不見得有得到許可）。有些人隨著臺商企業進入供應鏈。有些人則在臺商的群聚體系附近形成自己的群聚體系與供應鏈，他們所生產的跟臺商主導供應鏈所生產的往往是同一類型商品，只是他們以供應國內市場為主，臺商則以外銷為主。

今日的中國經濟堪稱混血中的混血，但它跟一九八〇年前後臺灣經濟的神似之處，卻教人難以忽視。具備全球競爭力的中國本土大企業多半都是國有企業：財星全球五百大企業（Fortune Global 500）中排名最高的五家中國公司，有三家是國有企業，兩家是民營與國有企業的混和。跟發展型國家（developmental state）時期的臺灣一樣，中國的幾大國有企業專注於上游產業：能源、營造、金融、保險。其中最大的製造商是上海汽車集團，這家國有汽車製造商擠進財星全球五百大的前四十名末段班。但中國的私營領域表現也很強勁，裡頭滿是主宰消費性製造業與服務業的中小企業。這些中小企業把握機會觀察、學習外資企業並與之合作（尤其是臺資企業），從中得益甚豐。就像臺灣的中小企業，中國私人企業在許多指標上表現優於國有企業。但就像一九七〇與一九八〇年代的臺灣，中國政府也戰略性利用國有企業，目的在於打造更大、更成功的本土企業，以及為中小企業創造發展成大公司的機會。

1 Jason Dedrick, Greg Linden, and Kenneth L. Kraemer, "China Makes $8.46 from an iPhone and That's Why a U.S. Trade War Is Futile," *CBS News*, 2018, accessed December 15, 2020, https://www.cbsnews.com/news/china-makes-8-46-from-an-iphone-and-thats-why-u-s-trade-war-is-futile/.

2 Ming-chi Chen, "Fortress in the Air: The Organization Model of Taiwanese Export-Manufacturing Transplants in China," *Issues and Studies* 48, no. 4 (2012): 73–112.

3 Terence K. Hopkins and Immanuel Wallerstein, "Commodity Chains in the World-Economy Prior to 1800," *Review (Fernand Braudel Center)* 10, no. 1 (1986): 157–170.

4 G. Gereffi, "The Organisation of Buyer-Driven Global Commodity Chains: How US Retailers Shape Overseas Production Networks," in *Commodity Chains and Global Capitalism*, edited by G. Gereffi and M. Korzeniewicz (Westport, CT: Praeger, 1994).

5 黃亞生 *Capitalism with Chinese Characteristics: Entrepreneurship and the State* (Cambridge: Cambridge University Press, 2008) 一書對這段歷史有詳盡描述。

6 John Q. Tian, *Government, Business, and the Politics of Interdependence and Conflict across the Taiwan Strait* (New York: Palgrave-Macmillan, 2006), 128.

7 Chun-Yi Lee, *Taiwanese Business or Chinese Security Asset: A Changing Pattern of Interaction between Taiwanese Businesses and Chinese Governments* (London: Routledge, 2011).

8 轉引自James Kynge and Mure Dickie, "China Warns Taiwan Businessmen," *Financial Times*, April 10, 2000.

第八章

買得起的奢華：臺灣味改變中國胃（及其他）

臺北的君悅酒店（Grand Hyatt），是五星級飯店的最佳寫照。沉厚的玻璃門擋住了市井的熙攘，用寧靜擁抱房客。挑高的大廳裡陽光明亮、噴泉流動、花香滿室。外表閃閃發亮，內裡引人入勝；舒適與刺激、賓至如歸與嘆為觀止，以某種方式成功融合並存。

當然，奢侈的東西都很貴，而君悅很貴很貴。

二〇〇三年，吳政學就是在很貴的君悅吃很貴的甜點時靈光一閃：能不能以一般人可負擔的價格，提供愜意、優雅、脫離車馬喧等奢侈感的精華呢？以二星級的價格，複製出五星級飯店的產品、服務與氛圍，會是什麼模樣？

臺灣人把吳政學的想法稱為「平價奢華」，也就是西方人所說的「輕奢」（affordable luxury）。臺灣的公司設法把產品在中國銷出去，而成功的核心要素，就是輕奢。許多國際消費性品牌覺得很難打進中國市場，卻有一些臺灣企業家憑藉臺灣的「現代」、「都會」與「高品質休閒經驗」撬開大門，把品牌打造成中國消費者的心頭好。

吳政學版的輕奢是85度C咖啡——這家連鎖咖啡店先在臺灣掀起一陣旋風，然後往中國發展，接著升級以滿足中國消費者日益提高的標準（與收入）。其他公司則訴諸中國消費者對「臺式生活」的既定印象，來銷售包裝各式各樣食物、餐廳菜色，乃至於婚紗攝影。

臺資企業不只把中國當成生產平臺，更是市場，而它們的成功關鍵就是販賣臺式生活與輕奢感。

大家都曉得中國商機龐大：十多億消費者正等著花錢買東西啊！但是，試過把東西賣給這十多億消費者的外國公司卻會告訴你，要賣東西給中國人沒那麼簡單。外國公司面臨諸多挑戰，有些跟政策有關（中國政府有的時候不太樂意見到競爭），但大多數還是跟價格、物流與品牌設定有關。在中國經營最成功的臺灣企業，就是克服了這三大障礙才能出人頭地；它們往往效法製造業領域臺商友人的商業策略，並且根據中國環境調整自己的管理方式。

只有一小部分的中國公民有能力像歐美血拚族一樣為消費品埋單，但在中國，光是一小部分就是一大群人，所以豪奢品牌也把中國視為頂端市場——尤其再加上中國觀光客在海外購買的奢侈品。話雖如此，若以已開發世界的標準來衡量，絕大多數中國消費者的購買力頗為拮据。從數字來看，中國的人均國內生產毛額大約是一萬美元（美國的數字是六萬五千美元；臺灣則是二萬七千美元），而且所得分配不均。近年來，中國的吉尼係數（Gini Coefficient，所得分配平均與否的指標，數值介於〇〔完全平均〕到一〔完全不均〕）估計值約在〇．四六。美國約為〇．四三（臺灣為〇．三四）。也就是說，中國雖然人很多，但能用全球性價格來購買消費性產品的人相對少。

知名國外品牌可以靠卓著的聲譽與品質標出超高定價，但一般中國人購買力有限，非精品的品牌就得找出一個對中國市場友善的價格。就算定價恰到好處，挑戰也還是存在。中國的經銷管道不容易理解，而到處都是的仿冒品也削弱了許多品牌的影響力。仿冒化妝品充斥中國；二〇一七年初，中國公安光是在一次打假行動中，就扣押價值超過上億美元的仿冒高級化妝品。仿冒品猖獗讓消費者憂心忡忡，連願意花錢買真品的人也會擔心，因為無法確定自己買到的是真品。

簡言之，把東西賣進中國市場，比在中國製造出口商品難上許多，但臺商企業早已意識到中國作為市場的潛力不亞於作為製造業平臺。經過多年仔細計劃、不顧後果的投入，以及幾次走運，臺商在中國消費市場上可謂頗有斬獲。臺商企業以輕奢風格與生活取向品牌，作為他們服務及開發這塊市場的主力，不僅為中國消費者帶來新的產品、服務與體驗，也巧妙改造了中國都市日常。

咖啡大戰

在中國，要說哪種產品代表了「時尚」，想必就是咖啡了。中國人喝茶，在咖啡因飲品競爭中，茶的消耗量還是海放其他對手。不過，由於咖啡有一個全球摩登公民熱愛飲品的形象，其消耗量仍持續迅速成長。根據巴西研究，中國的咖啡消耗量從二〇〇八至二〇一八年成長了十倍。[1]一九九〇年，瑞士企業雀巢（Nestlé）成為第一個打入中國的咖啡大廠。雀巢推出調配好咖啡粉、奶精與糖的「三合一」即溶咖啡包，價格平實，對於許多中國消費者來說是很吸引人的入門飲品，更好的是不用專門用具也能享受咖啡。即溶咖啡主宰中國市場直到二〇一〇年代初，接著現煮咖啡與濃縮咖啡飲品開始加速成長。

一九九九年，星巴克進入中國，將品牌的「星力量」帶給迫不及待想要加入全球大眾流行趨勢的中國城市居民。然而，對許多中國人來說，星巴克帶來的主要是體驗，咖啡為次要。比起用心烘培的豆子，他們更關心優質的服務、舒服的座椅，以及可口的甜點。星巴克並非第一家遇到這種反應的外國連鎖店。麥當勞和肯德基領軍的速食店，是最早在中國培養出死忠支持者的外國零售業者。留住顧客的也許是食物，但他們之所以上門，是為了嶄新的體驗，體驗與世界各地的人相連的感受。美國速食業龍頭很快就瞭解到，中國顧客不是被「速食」的「速」所吸引——他們要的是品嘗經驗。在中國（以及東亞各地），顧客待在好幾層樓的麥當勞店裡用餐才是常態。

二〇一一年，網路人氣咖啡部落客「Crop to Cup」對上海的咖啡文化止不住地搖頭。這位部落客喝到一杯精心調製但奇難喝無比的卡布奇諾，「我開始覺得，問題的主因應該是豆子的品質，加上對於形象的照顧比對品質還用心吧。……咖啡店老闆講究的是豆子的浪漫來源，而不是豆子的品質或味道。許多咖啡店會把某個標誌展示於玻璃窗上，告訴大家它們的豆子來自名滿全歐、歷史悠久的某某烘培廠。它們要的就是老歐陸烘培廠的浪漫意象。中國就愛這一味。他們也愛麝香貓咖啡、牙買加藍山，只要是有名的豆子或『大有來頭』的豆子都愛。」[2]「Crop to Cup」發現，網路上對於這座城市裡所有咖啡店的評價，「都把重點擺在氣氛、無線網路、可愛值，還有貓」，而非咖啡好不好喝，讓他更添幾分失望。

「Crop to Cup」的失望之情不難理解，但他搞錯重點了。對中國人來說，喝咖啡是一種體驗。引人聯想具浪漫風情的歐洲場景與熱帶異國產區、氣氛情調與無線網路、沙發椅與貓——在中國，**這才是**咖啡文化。（菜單上會把異國產地用音譯的方式，一個一個音節寫下來，像是「哥倫比亞」（Colombian）、「耶加雪菲」（Yirgacheffe）。幸好Blue Mountain通常會意譯為「藍山」，是學過中文的外國人少數看得懂的品項。）

星巴克善加利用了中國咖啡市場偏好的生活風格取向，它把品牌打造得比美國版更高檔，標價也比美國版便宜約一半。星巴克在中國也更重視食物，許多品項根據中國人的口味做了調整（試試看綠茶提拉米蘇！）。至於飲料，則專攻混了牛奶、糖漿與調味劑的咖啡與濃縮咖啡。事實上，在中國星巴克很難喝到一杯簡單的美式咖啡（「每日咖啡」）。喝黑咖啡的人太少，有些店甚至不預煮，等到有客人點才現沖。

毫無疑問，星巴克已藉由增加更多內用座位、根據中國人口味調整產品，把自己給「漢化」了。但漢化之後的星巴克還是很貴，而且是個**專喝咖啡**的地方。也就是說，其他公司還有市場利基空間。85度C咖啡所進占的就是這些空間。

吳政學在二〇〇三年享用他那份令他頓悟的昂貴糕點時，已在臺灣第二大城臺中打滾多年，是個經驗豐富的企業家。在君悅想到輕奢風格咖啡連鎖店的點子之後，他才開始研究咖啡產業。期間，他學到攝氏八十五度的水溫是最適合沖咖啡的溫度，於是把品牌取名為「85度C」咖啡。

「85度C」（中文念起來很順口）這個名字貼切傳達了品牌所屬公司「美食達人」對於品質的重視。吳政學從一開始就堅持使用高級的瓜地馬拉阿拉比卡豆（Arabica），並且從五星級餐廳挖角主廚，來開發並監督麵包與蛋糕的製作。二〇一四年，85度C咖啡的主廚贏得挪威舉辦的全球甜點大賽。

二〇〇四年，第一家85度C在今新北市永和開幕，頭兩年就展店到八十家門市。吳政學從前一次創業（個人披薩連鎖店）學到兩個重要教訓。第一，「加盟」是快速展店最好的方式。第二，你絕對甩不掉競爭者跟仿冒者；想要保有市場優勢，就必須牢牢掌握品牌與產品。要拿捏平衡好上述兩個某種程度上互相矛盾的要訣相當考驗能力。設立中央廚房並嚴格控制分銷，可說是吳政學最明智的決策之一。

二〇〇七年，中國第一家85度C咖啡門市在上海開幕；此前，吳政學與團隊已花了六個月密集研究，推敲如何做最能打動中國消費者。85度C咖啡一炮而紅，展店飛速。不到兩年，在中國的營收就超越了臺灣。二〇一〇年，85度C咖啡的母公司「美食達人」在臺灣證券交易所上市，首次公開發行就募集到六千六百萬美元的資金。到了二〇一六年，85度C咖啡在中國已有五百多家門市，在臺灣是四百多家，在美國、香港與澳洲也有四十多家。

85度C咖啡展店中國獲得巨大的成功，但這樣的成功是詳細規劃、專注細節與聰明管理的成果。據說創辦人吳政學並不喜歡這個比喻，但85度C咖啡常被稱作「平價星巴克」。星巴克對很多中國消費者來說是無庸置疑的奢侈享受，產品的定價也走高檔路線；85度C咖啡則面向更寬廣的市場區間，用遠低於星巴克的價格，為消費者帶來優質產品與舒適氛圍。

吳政學成功的另一項關鍵，在於他重視中國人的喜好。星巴克是美國公司——雖然產品根據中國人的口味調整過，但「美式」才是其賣點。85度C咖啡創業於華人社會，賣的食物與飲料一開始就是根據華人味蕾專門調配的。雖然名稱主打「咖啡」，但85度C店裡賣的食物品項遠比星巴克多元，其中甚至有現烤麵包。85度C咖啡也用更優惠的價格、更豐富的餐食選項，以及主打外帶來吸引年輕族群。吳政學讓85度C咖啡在市場上脫穎而出的另一項決定，則是二十四小時營業以配合勤奮工作（在某些地方則是奮力玩樂）的中國青年。

吳政學將版圖拓展到中國後，仿冒者（像是80度C咖啡）仍如影隨行，迫使他調整經營模式。企業面臨的最大威脅，就是失去以高品質與良好服務著稱的商譽。吳政學發現，中國加盟業主往往會偷工減料，因此85度C咖啡在中國維持中央管理，而不是加盟模式。為了穩健經營品牌，85度C咖啡在「小臺灣」昆山興建中央廚房，確保品質穩定。這家連鎖業者也付出高於市場行情的薪資來留住人才、激勵員工，同時大力投資行銷，以鞏固輕奢的形象——公司有一句口號是「讓蛋糕甜蜜你的味蕾，讓分享豐富你的人生」。

85度C咖啡在中國發展的前十年間，中國經濟正迅速成長，顧客的口袋跟著愈來愈深。當大家逐漸負擔得起更高等級的奢華享受，「美食達人」於是也將85度C咖啡的體驗升級。添上時髦的座位區、免費無線網路與精緻裝潢之後，顧客更加把光顧85度C咖啡當成一種休閒體驗。同時，這家公司也加倍致力於提升品質。一方面進口精品咖啡與高級食材，一方面帶入高價產品線，與招牌平價產品分進合擊。新品項包括健康導向的產品，品名冠上了「高纖」和「五穀」。中國消費者收入增加之後，變得比以往更重視尋覓健康的產品。85度C咖啡有他們要的答案。

85度C咖啡成功塑造品牌，提供了中國消費者令他們心滿意足的商品，讓他們感覺自己彷彿與全世界一同脈動，因而在中國大發利市。另一家靠著將西方品味轉化為華人口味，打出一片江山的臺式生活風格品牌，則是上島珈琲。上島珈琲自稱咖啡店，實則為餐廳。一九九〇年代，上島珈琲在臺灣風靡一時，但後來卻退了流行。如同眾多臺灣製造業企業，上島珈琲在中國找到「第二春」，以輕鬆、微微帶點輕佻的氛圍與各式中西餐點（西餐根據中國人的口味改良過）打動中國新貴；他們一邊享用套餐、精緻的果汁飲料，一邊進行漫長的商務會議，抑或在大快朵頤的數小時期間不停用大拇指在手機上飛舞。美食部落客費歐娜·萊利（Fiona Reilly）用「偽西式」描述上島珈琲，其實挺貼切：這家連鎖店主打人們對西方的既定印象，讓中國人感覺自己摩登、國際，卻是在家鄉享受這一切。[3]

泡麵之王

人們不免把臺灣85度C跟美國星巴克在中國咖啡市場的競爭，看成一場大衛與歌利亞的較量。但吳政學真正想要較勁的對象近在家鄉：在中國，星巴克其實是西雅圖總公司特許委託臺灣食品業龍頭統一企業經營的。

統一、旺旺與康師傅等臺灣公司，在中國消費經濟尚在發展初期時，就開始將加工食品賣給亟欲追求方便的中國消費者，進而成為食品業一方之霸。康師傅在三家企業中規模最大，擁有龐大的泡麵、飲料與烘焙食品市占率。此外，康師傅也是百事、朝日與星巴克等跨國飲品公司的合作夥伴（康師傅為星巴克生產即飲品）。對康師傅營運概況進行優劣勢分析，可以看出其強項為食品安全與業務經營，而日益激烈的競爭、法規增多與工資上漲則是威脅。這些威脅相當嚴重：二〇一二年起，康師傅的淨利率直落谷底。

從各個環節來看，康師傅的發展與我們熟悉的臺商故事雷同，但有個很不一樣的劇情轉折：這家公司的核心事業發跡於中國，後來才回攻臺灣市場。康師傅的起點是一家典型的臺灣中小企業：創辦人魏和德與四個兒子共同經營的一家食用油工廠。魏和德的兒子繼承家業後，跟友人與親戚募集一小筆資金，送么弟到中國尋求商機。他們成立了幾家公司，但都沒有發展起來；直到一九九一年，魏家人又在為一項新產品——餅乾——發愁時，命運來敲門了。

魏家兄弟搭火車時，周圍乘客對他們手上的點心大感興趣：他們從臺灣帶來的泡麵。他們在這一趟旅途中發現中國泡麵市場大有可為，後續的市場研究也證實了這一點。中國有便宜的泡麵，也有為觀光客而進口的高級泡麵，但中國一般人卻沒有價格合理又好吃衛生的泡麵可以選擇，尤其是北方人喜歡的重口味粗麵。魏家於是在一九九二年成立康師傅，生產中國消費者喜歡的泡麵。

康師傅趁著一九九〇年代的臺灣熱，大幅提高品牌知名度。這家公司狂打電視廣告，而且往往買下臺灣人氣節目時段，好讓觀眾把「康師傅」跟「臺灣」聯想在一起。康師傅產品優質、市場定位明確、下廣告不手軟，公司成長迅速，不久便馳名全中國。到了一九九四年底，康師傅每天生產三百萬包泡麵；二十年後，九〇%的中國家庭都會買康師傅的產品。這家公司很快就涉足即飲品，像是臺灣人愛喝的檸檬茶、菊花茶與烏龍茶，並且找中國粉絲很多的臺灣名人為品牌代言。

康師傅開始在中國賣泡麵的時候，臺灣市場掌握在統一手中。統一進入中國市場的時間與康師傅大致相同。康師傅開發泡麵口味時，著眼於打入中國市場的某些特定區塊；但統一不同，統一在中國賣的商品跟在臺灣是一樣的。康師傅決定反攻臺灣市場時，把自己定位成統一麵以外的低價選擇。與此同時，統一則運用熟悉中國商業環境的優勢，贏得7-Eleven、星巴克，以及酷聖石冰淇淋（Cold Stone Creamery，總部在亞利桑那州的高檔冰淇淋公司）等跨國零售商中國分公司的營運合約。

只是近年來，中國消費者有了新的健康觀念，「『康』師傅」因此在營運上飽受打擊。康師傅跟許多外國品牌一樣，素有品質優良、安全無虞的好名聲，這在一個食安風暴頻傳的國家是很重要的資產。公司有部分原料來自進口，廠房也獲得國際品質認證，但今日富裕的中國消費者正把眼光投向比泡麵健康的食品。價格合理、品質良好的調理食品（而且超市有賣、外送有送），也殺入了泡麵市場。康師傅設法開發更健康的食品，但泡麵仍是其核心事業。此時，競爭愈來愈激烈，進一步拉低康師傅的淨利率。

第三個臺灣大型食品加工業者是旺旺。旺旺的故事不太尋常，因為臺商絕大多數避免跟政治有牽扯，但旺旺創辦人卻涉足一項政治意圖十足的事業——也付出了代價。旺旺是米果、零食與兒童乳飲品的專家，老闆蔡衍明在一九七〇年代晚期到日本學做仙貝時才二十歲出頭。他拜師的對象一開始嫌他太年輕，拒他於門外，但蔡衍明最後讓師傅回心轉意，而他的仙貝事業也就此起飛。把仙貝塑造成拜拜用的供品，是一項獨具創意的行銷策略。（臺灣人到廟裡拜拜的時候，通常擺的是鮮花素果。）

一九八〇年代晚期，旺旺開始在中國賣餅乾，蔡衍明得想出新的行銷策略才行，因為中國中產階級沒有花錢做宗教儀式的習慣。二〇〇九年接受《富比士》（*Forbes*）專訪時，蔡衍明說自己瞄準的是小朋友，因為中國中產階級會把錢花在孩子身上。旺旺據稱是第一家在中國註冊商標的臺灣公司；旺旺的商標是個咧著嘴笑、露出愛心形舌頭的刺蝟頭小子，名叫「旺仔」，在眾多商標中特別令人難忘。

康師傅和統一將事業版圖從食品加工擴大到零售業時，旺旺卻有更大的目標。二〇〇八年，蔡衍明買下臺灣大報《中國時報》。一年後，他買下兩家有線新聞臺。但這還不夠：新成立的旺旺中時媒體集團隨後打算收購一家臺灣數一數二的有線電視系統公司，以及香港壹傳媒在臺灣的分公司。雖然兩起收購案最後都被主管機關擋下，但若是成功，臺灣大半塊媒體市場將會落入蔡衍明的版圖。

主管機關做此決策的背景，是有大批群眾上街示威抗議，意欲阻止蔡衍明的公司稱霸臺灣新聞媒體界。反對者不能接受一個在中國有廣泛、深厚商業利益的企業主，即將控制本國一大部分的媒體。對臺灣人來說，中國固然是商機的來源，但對他們的政治制度與個人自由也造成嚴重威脅；二〇一二年，許多人走上街頭，表達他們不希望媒體被掌控在一個在中國有如此深厚經濟利益的人手裡。這一年的反媒體壟斷運動，使民眾注意到臺灣媒體所有權有集中趨勢，而主管機關的駁回決定可能正是受此影響。但是，這也讓那些主張臺灣社會因為政治狂熱而犧牲經濟契機的人撿到了槍。總的來說，這起事件是個直截了當的提醒：臺灣人不吝於讚美在中國取得成功的臺灣本土公司，但他們也要求臺商在謀取商業利益時不要涉及政治權術。

吃臺餐

最能展現奢侈感的，或許莫過於個人小火鍋了。幾百年來，中國人圍著燒煤的爐子，一起享用一鍋用高湯煮出來的食物。直到幾十年前，在煮火鍋技術上的主要創新還停留在把燒煤改成比較乾淨的熱源。畢竟，圍爐團聚，往鍋子裡丟材料，讓大家都能享受好喝的湯，也是吃火鍋的部分樂趣。偏偏大家愛吃的東西不盡相同。有人吃素，有人無肉不歡但討厭羊騷味。當然，湯頭要辣還是不辣，也是個大問題。不過，只要走進專營個人小火鍋的連鎖速食專賣店「呷哺呷哺」，這下子大家都能吃到自己真正想要的了。

呷哺呷哺創辦人賀光啟在二十多年前往中國發展。他經營珠寶加工廠起家，但很快就嗅到開餐廳的商機。有一回，他在接受訪談時說：「當年大陸人想的就是吃。」但賀光啟體認到，有人只顧著吃，但也有人期待更多，想為日常飲食添一點奢侈感。他說，為了滿足後一種顧客，「店裡裝潢、服務要搞好，食材品質也要優質穩定。」於是，他決定「打造一種新模式，可以兼顧人們對速食與休閒體驗的渴望」。

他開始涉足餐飲業時，中國速食市場由肯德基與麥當勞稱霸。儘管兩家速食業者在中國之外地方的形象是低檔次用餐場所，但它們在中國卻是開風氣之先，注入悠閒甚至享受的感覺到餐飲業中。賀光啟說：「進了中國大陸，連肯德基跟麥當勞都不再是一股子學生餐廳的氣氛，桌椅不再是栓在地板上。現在的速食店一開就是好幾層樓，擺的是可以移動的舒服桌椅，還有吊燈啊這些。它們比較像星巴克。原本賣的食物也許不見得跟新環境搭配，但不打緊。」

個人小火鍋「涮涮鍋」在日本與臺灣已經流行幾十年了。店內環境通常設有吧檯，每個位子前的檯面上都擺著一個可以加熱的不鏽鋼小鍋。服務生會在鍋裡倒入你選的湯頭，你從菜單上或自助吧選肉、菜、海鮮、麵條和火鍋料，自己煮想要的口味。對賀光啟來說，成功的關鍵在於把品質穩定、準備就緒的美味食材帶到每一個小鍋前；呷哺呷哺因此成為頂尖的小火鍋品牌，同時也是中國第三大速食連鎖店，僅次於肯德基與麥當勞（想不到吧）。

有人認為呷哺呷哺在中國發展得這麼好，是因為提供大家都熟悉的產品，但賀光啟不接受這種解釋。

> 口味的理論其實行不通。很多外國品牌在中國都很流行，飲食跟餐廳都是。像是韓國菜就賣得很好。客觀來說，中國人是個奇特的民族。他們受外國人欺負太久，有點排外也很正常。……但他們同時也崇外。他們相信臺灣的產品、構想跟標準就是比本國來得高。當然不是人人都這麼覺得，但大多數人是這樣。二十年前我第一次到中國，那時只要是外國貨，銷路都很好。……我們成功是因為來得早。……可現在中國人愈來愈崇尚品牌。在臺灣，我們對牌子不太在乎，只要品質好，我們就會買；但中國人很在乎牌子，偏偏本國品牌不多。所以，中國人想吃小火鍋的話，他們會來吃我們家，因為我們有牌子。

品牌的打造與維持，少不了穩定的品質，因此管理流程就變得至關重要。說到品質，臺灣品牌天生比較受到信賴，但如果沒有持續努力把關，也會很快失去優勢。為了避免落得這種下場，賀光啟改造了自己在珠寶產業學到的工業模式，讓呷哺呷哺的營運標準化：「我們公司每件事情都有特定標準。這是一種新的商業模式；如果沒有樹立起強有力的模式，你很難在中國市場打天下。好比開工廠，你得知道今天生產了多少個單位。我們嚴格檢視自己每天做了多少事。假如我們有五百間店，我們希望每間店可以服務五百個顧客，乘起來就是每天有兩萬五千份餐。我們還要繼續開更多分店。」

呷哺呷哺是中國的臺式連鎖餐廳龍頭之一，但在臺灣卻連一家店都沒有。據賀光啟表示，臺灣市場規模太小，競爭太激烈，他的公司很難發展。賀光啟寧可把自己的輕奢品牌留在中國，畢竟物以稀為貴。

但即使品質絕佳，對細節無微不至，企業仍得克服更嚴峻的行銷挑戰，才有機會生意興隆。賀光啟說：「我跟你們說：生產不難，真正難的是行銷。」呷哺呷哺靠展店來推動行銷。總公司負責設備與補貨，但個別店面要負責在地行銷。有一個管理優良的總公司在背後支援，個別分店就可以同時兼顧衝刺業績及推廣品牌，使呷哺呷哺這間臺資企業名列中國二〇一四年首次公開募股（IPO）所得金額的前三強。

行銷難歸難，但事實證明控管生產與品質比賀光啟原以為的還要難。二〇一八年，也就是我在臺北訪問他的幾年後，山東省一家呷哺呷哺的顧客從她的鍋子裡夾出一隻煮熟的老鼠，這家連鎖店的市值跟著跌了將近兩億美元。死老鼠的照片在網路上瘋傳，呷哺呷哺營收遭受重創。不過，這起事件顯然只要了老鼠的命，呷哺呷哺的股價不到六個月就反彈到其歷史高點八五%的位置。但這仍是一次慘痛教訓：一旦企業以品質與食安作為它的競爭優勢，只要一點錯誤，就會釀成災難。

製造愉悅

以前第一次看到新娘子站在及膝的泥水裡，新娘服的長裙擺跟一簇蓮花纏在一起，當下我實在百思不得其解。後來，我還看過新娘子在廢棄農舍門口擺姿勢，在叢林裡狂拋貼了假睫毛的媚眼，躺在沙灘上讓浪花淹過自己，甚至緊挨著噴出硫氣的硫氣孔……說白了就是火山口，然後擠出笑臉。

到底是中了什麼邪，才能讓女生穿著價值好幾個月薪水的禮服，然後爬進一座火山？

答案是，中了婚紗照的邪。

拍照紀念新婚是華人的悠久傳統，但隨著臺灣在二戰結束後數十年間經濟蓬勃發展，臺灣人逐漸把婚紗照提升到前所未有的境界。新人佳偶與婚紗攝影工作室攜手創造出全新產業，如今一年有幾千萬美元產值，甚至成為世界各地華人眷侶婚禮儀式中不可或缺的一環。麵，已存在人類生活中千百年；小火鍋，不過是把一道熟悉的料理稍微改造一下；咖啡，不是起源於臺灣。但臺式婚紗攝影卻是道地的原創，後來更席捲了整個中國。關於臺灣投資人是如何將夢幻與奢華置入中國迅速膨脹的中產階級伸手可及的範圍，從而改造了中國人的生活方式，婚紗照是最好的例子。

一九七〇年代初期，「技術」與「經濟」聯手在臺灣創造出新的文化習慣。彩色攝影與修圖技術的演進，加上家庭收入迅速成長，讓新人有能力購買可以放滿一整本相簿的高品質婚紗照。傳統的婚紗攝影是件莊嚴大事，家人親戚圍著新郎新娘，他們肅穆的表情反映出那一刻的慎重；而當年輕的新人可以買很多張照片，他們就能拍些盡情展現自身浪漫想像（以及新娘奪目美貌）的兩人世界畫面。

在一九七〇年代之前，臺灣攝影工作室是各種案子都接。新娘跟婚紗店租禮服，然後僱用攝影工作室來拍照，通常是在婚禮當天。科技進步之後，攝影師不用費心洗底片，可以專心拍照，而婚紗租借與婚紗攝影這兩個行業也漸漸合一。婚紗攝影工作室不久後增添了布景、美髮與化妝，以豐富服務的內容。其結果是一個全新的產業就此誕生，它致力於創造能凸顯新娘美貌、呈現新娘與新郎浪漫愛情的影像。如同李玉瑛所說，婚紗攝影師搖身成為「製造愉悅」的專家。[4]

到了一九九〇年代，婚紗攝影在臺灣已是龐大的產業。臺灣人收入愈來愈高，影像製作費用卻愈來愈便宜，這代表家庭能負擔得起更多拍攝張數與更精緻的攝影。「傳統」的白紗仍是婚紗照的重點，但工作室也投資購買一架子華麗的禮服與戲服。從一九二〇年代老上海懷舊風情打扮到樣式複雜的和服，從 Hello Kitty 主題的粉紅薄紗流行女裝到美國小姐風格的晚禮服，只要新娘想得到，就一定能在臺北的婚紗攝影天堂中山北路的某家店找到。這類出租服裝鮮少出現在實際婚禮場合，婚禮的時間通常安排在婚紗攝影的幾週或幾個月後，所以衣服尺寸不用剛好。只要巧手運用別針與大頭針，同一件衣服就能貼合不同新娘的身形。

為了充分展現這些精緻的妝髮與逆天的改造，攝影師開始提供外拍服務。新娘、新郎、攝影師、助理、造型師，大隊人馬開到某個美景地點，捕捉新人最美好的一面，雕琢出理想浪漫愛情的意象。人類學家邦妮・阿德里安（Bonnie Adrian）寫了一本談臺灣婚紗攝影的精采著作，在書中她主張婚紗攝影的文化目的，在於超脫那些決定真實婚姻樣貌的實際考量，以浪漫愛情為基礎來創造婚姻的夢幻。[5]所以，沒錯，攝影師的任務就是製造愉悅。

臺灣許多產業的市場在一九八〇年代達到飽和，婚紗攝影也不例外。靠著增加新產品與新服務（規劃婚禮、印製喜帖與座位牌、出租禮服與轎車），使工作室仍維持繁忙活躍，但中國一開放臺灣資金進入，攝影團隊立刻跟上製造業的腳步，踏入當時的婚紗攝影無主之地。

高志榮是最佳風情國際婚紗的老闆，也是臺北市婚紗攝影商業同業公會理事長，同時是有三十年婚紗攝影產業經驗的老手。據他所說，婚紗攝影是臺灣第一批往中國發展的零售導向產業之一。婚紗公司的經驗可說是從另一個角度應證了其他產業的經驗：中國地方政府積極招徠它們，以低於行情的價格提供硬體來吸引它們。高志榮在二〇一六年的訪談中表示，地方政府之所以這樣做，其內在根本原因是要讓中國相關從業者學會這一行的訣竅，然後自己開業。

婚紗攝影立刻在中國新生的中產階級之間掀起旋風。忍受了數十年但凡表現出虛榮心和展現女性特質就會被嚴厲批評的中國女性，已準備好加入這個產業，一個允許她們打扮美美、享受臺灣（引領潮流之先的現代化中華文化化身）時尚的產業。高志榮說：「臺灣的婚紗攝影公司一到中國就紅翻了天。無論是正式服裝還是妝髮，它們都是市場領袖。不管去哪裡，都能馬上開始賺錢。」起先，婚紗攝影是奢侈享受；幾家臺灣婚紗攝影公司是開在北京與上海。它們拍的照片水準遠高於中國新人從本地得到的成果，所以「〔新人的〕朋友一看到照片，婚紗攝影就這樣開始火紅，大家都想找臺灣的婚紗攝影店」。

到了二〇〇〇年代中期，隨著中國本地雇員學到技術，自己開業，臺灣婚紗攝影工作室也失去面對本地競爭者的優勢。臺灣婚紗攝影業者跟其他產業的臺商一樣，缺少足以與當地人競爭的人脈。中國的技術能力也迅速升級，臺灣人不再有印刷品質上的領先優勢。事實上，創新的流向有局部逆轉之勢，例如臺灣人開始擁抱中國發展出來的簡化版婚紗攝影工作室。根據高志榮說法，大多數臺資婚紗攝影公司已賣給中國買主；到了二〇一六年，只有北京與上海等大城市還有臺資連鎖婚紗公司在營運。「在其他城市，」他說：「它們全都給打趴了。」

婚紗攝影與其他零售業也有一些命運相似之處。高志榮表示，曾經稱霸臺灣業界的連鎖企業大多在西進中國後瓦解了：「因為連鎖店比較不好控制，很難確保品質一致。這很像做菜……甲廚師喜歡用香料，有道菜燒得特別好，但乙廚師口味比較清淡，煮出來恐怕就很難吃。總之連鎖店很難經營。每家店都有自己的個性。」而對婚紗攝影產業來說，有自己的個性分外重要，因為這個產業的根本就是要說服新人，教他們相信自家公司攝影師能用照片呈現出他們對彼此的愛。

總體而言，高志榮認為，「婚紗攝影產業就是大環境的縮影。從婚紗攝影產業西進中國的模式來看，其他產業的經驗也八九不離十。……我常常跟其他產業的人聊天，大家都這麼覺得。完全沒有辦法跟當地人競爭。」婚紗攝影產業的在地化固然代表臺商失去生意機會，但也證明中國消費者已接受臺灣人為婚紗攝影花大錢的習俗，包括充斥這個產業的羅曼蒂克美感和以愛與美為主成分的美學。

改變中國，顧客至上

呷哺呷哺創辦人賀光啟把在中國經商比喻成打仗，「最終決定勝敗的還是你的產品」。

姑且說是場戰爭吧，有些臺資公司打了勝仗，過程中更為中國消費者改造了消費環境。臺灣人有品牌，「臺灣人」**本身**就是品牌。儘管中國與臺灣政治關係帶來負面影響，中國消費者還是喜歡「臺灣」牌。

成功西進的臺灣企業，多半是在一九九〇年代涉足中國的。當時，消費性商品選擇不多，而舒適、奢華、品質和服務也很難在一個剛從社會主義脫離的經濟體中找到。臺灣企業帶來這一切，但沒有帶來舶來品的高昂標價。他們使中國人得以享受異國風情與時尚，卻不用支付異國的價格，而且內容還常常是為他們而量身打造，以減少他們的陌生感。臺灣品牌代表了現代、精緻、新潮、多變、國際、舒適、品質與美，而且價格完全是甫跨入消費階級的中國人所能承擔。輕奢不只是一種產品類別；在中國，輕奢更是生活風格。

這些品牌之所以有魅力，正是因為它們**不是**本地品牌：發源於上海的臺資麵包連鎖店「克莉絲汀餅屋」，就因為人家覺得它「太本土化」而出現經營危機。新加坡的「麵包新語」（BreadTalk）與韓資的「巴黎貝甜」（Paris Baguette）等跨國企業瓜分了克莉絲汀的市場，畢竟它們的形象更「外國」。

被人當成外國貨之所以這麼有價值，其中一項原因是「外國」意味著「樂趣與風情」。

此外，「外國」也意味著「在中國千瘡百孔的食安體系外所生產」。近年來，中國爆發一連串重大食安事件，例如二〇〇八年的三聚氰胺奶粉（六名嬰兒因而死亡，數千人受害），再到假肉與鎘米。許多中國消費者願意花大錢購買他們認為安全的食物，而安全的意思往往是指食材來自國外。即使原料是在中國進行製造，企業還是能夠藉由標榜原料的來源是國外、行銷時主打健康與品質，營造出對它們有利的形象。

行銷很重要，但光有行銷還不夠。企業其實都要提交品質證明，而強健的供應鏈與明智的管理方式則是控管品質的不二法門。我問呷哺呷哺的賀光啟是怎麼跟中國主管機關打交道，他回我：「有監管機構不是壞事，但如果有消費者抱怨，他們就會找上門。你必須達到監管機構的標準。如果你的內控沒問題，你就不會有事。話說回來，你的保險公司不也會跟你講一樣的話！」賀光啟嘴上說得輕鬆，但這類內控極為重要，而內控正是臺企擅長的領域，部分是因為他們從製造業界的同行那兒學了一手。而且，如同賀光啟從那隻死老鼠學到的那一課：即使最優秀的企業也會犯錯。

如同前幾章所闡明的，臺灣製造業是供應鏈管理的佼佼者：對於跨國公司而言，它們身為供應商的一大價值在於它們能夠以具競爭力的價格，穩定供應高品質的產品。臺商的其他特質亦有助於消費導向的企業在中國取得成績。比方說，臺灣製造業者最出名的就是改良技術與產品以服務新市場的能耐。這些特色我們也能在西進中國市場的臺商身上看到。它們的產品與本地業者有別，足以標榜其外來特色，卻又令中國人熟悉到足以取悅他們的味蕾，像是減少咖啡比例的咖啡飲品，或是克莉絲汀餅屋裡十幾種不同口味的月餅。

簡言之，臺灣企業橋接了西式與中式生活風格。西方版的產品通常很貴，此外也需要更多調整才能符合中國人的胃口。這倒不是說西方版無法成功，畢竟呷哺呷哺的競爭對手就是肯德基跟麥當勞，但臺灣人靠著努力也開闢出能夠立足的利基市場。歐美人一般無法接受上海克莉絲汀或是85度C咖啡賣的烘焙品項（可頌裡頭塞了一根**熱狗**，搞什麼？），但這樣的改造卻能讓產品打動更多中國人。

最後一點，臺灣企業善於借助中國政治力量的能耐也使它們獲益良多。一家知名餐廳或時尚咖啡店，就跟工廠一樣可以列進經濟發展計畫裡。無論是哪一種產業，想把東西賣進中國市場的臺商，都很重視與地方官維持良好關係。地方官員也很重視雙方的關係。賀光啟表示，地方政府會把餐廳納入經濟發展目標，許多地方都會拉攏他到當地開店。他說：「城裡面有沒有我們分店，其實就是一項發展指標。人家會看當地有什麼店，看有沒有肯德基、麥當勞、呷哺呷哺？假如沒有，就代表市場發展還不成熟。」

和其他類型的產業一樣，經營餐飲服務業的臺商不再擁有當年的強大優勢。當年讓他們在中國成功創業、炙手可熱的許多強項，例如對品質與服務的用心專注、管理制度、經營模式等，均已被中國本土企業吸收了。與此同時，來自中國本地公司與其他跨國企業的競爭卻愈來愈激烈，經營成本也迅速竄升。想成功，光靠優質產品與良好的管理還不夠，你還得有新意十足的產品、眼光長遠的營運計畫，還要有很深的口袋。85度C咖啡與呷哺呷哺等連鎖業者憑藉專責的生產與批發體系以維持品質穩定一致，但這樣的體系極其昂貴，需要大量分店才能負擔運作成本。賀光啟的結論是：「全世界都一樣，大者恆大，小企業幾乎不可能成長。」

1 "Coffee Consumption in China Has Risen by Over 1,000% in the Last 10 Years," International Comunicaffe, 2018, accessed December 15, 2020, https://www.comunicaffe.com/coffee-consumption-in-china-has-risen-by-

over-1000-in-the-last-10-years/.

2 "Coffee in China: A Few Observations," Crop to Cup Coffee Blog, 2011, accessed December 15, 2020, https://croptocup.wordpress.com/2011/10/07/coffee-in-china-a-few-observations/.

3 轉引自 LiAnne Yu, *Consumption in China: How China's New Consumer Ideology is Shaping the Nation* (Cambridge: Polity, 2014).

4 李玉瑛，〈裝扮新娘：當代臺灣婚紗業的興起與發展歷史〉，《逢甲人文社會學報》第八期（二〇〇四）：一八三—二一七。

5 Bonnie Adrian, *Framing the Bride: Globalizing Beauty and Romance in Taiwan's Bridal Industry* (Berkeley: University of California Press, 2003).

第九章

商業之外：臺灣人如何重塑中國社會

假如你在路上遇到鄭欽明，在他最愛的高級日本料理店，或是在往廣州班機的候機室，你絕對想不到他是一家設計代工（ODM）製造業公司的創辦人，而且事業有成。他親切有禮，沒有架子，人也慷慨。有多慷慨？往下讀就知道。

一九八〇年代，鄭欽明從事製造業起家。公司的廠房本來在東莞，夾在其他數百間臺商工廠之間。多年後，他的公司成為享譽海內外的品質優良製造商。除此之外，鄭欽明強調企業社會責任，也讓他的公司與眾不同。早在明門實業於二〇〇八年成立企業社會責任部門之前，就已獲得迪士尼與沃爾瑪的相關認證。明門相當自豪自家廠房的工作環境（鄭欽明稱之為「宿舍」），當地政府與民間也多次表揚明門對於當地社群的貢獻。

鄭欽明的第二個孩子天生有嚴重聽力障礙，於是他和太太開始研究聽障者如何用華語溝通。華語是聲調語，例如字同樣是「ㄇㄚ」音，但聲調是如問句般上揚，或是如祈使句般下抑，卻決定了是「麻」字或「罵」字。聲調區別令學習華語的聽障者吃足了苦頭；事實上，以前很多人認為他們是不可能學會的。鄭家的女兒出生時，當時的臺灣與中國對聽障者來說都是相當艱困的成長環境。

鄭家人逐步克服撫養聽障孩子成長遇到的挑戰，決定把所學分享給其他人。一九九六年，他們成立雅文兒童聽語文教基金會，幫助其他面對相同挑戰的臺灣家庭。雅文基金會開發出教育聽力受限的孩子學習華語的方法，打破長久以來認為聽障者無法學習華語的成見。雅文基金會在臺北、高雄等地設有中心，讓臺灣各地的聽障孩子測試、找尋合適輔具，並且用「聽覺口語教學法」教他們理解華語和開口講。想要成功教會聽障兒童學會華語，每週得花好幾個小時，因此雅文基金會也訓練父母學習聽覺口語教學法，方便在家自學。

雅文基金會對臺灣聽障族群影響巨大，使成千上萬的聽障者得以參與聽覺世界。但對鄭欽明來說，幫助臺灣的聽障兒童還不夠。二〇〇一年他的妻子過世，之後他決定發揮自己身為企業家的能耐，擴大基金會服務的範圍。雅文基金會開始出版教具與教材，讓更多人能用聽覺口語教學法來協助學習華語的聽障孩童。鄭欽明在二〇〇八年表示，「我們希望實現的目標，是使雅文基金會成為各個華語地區的聽覺口語教學法資源中心。」也就是說，鄭欽明決定讓慈善事業也跟隨自己的事業腳步，前進中國。

誰知道在中國，做生意還比做好事容易得多。在中國，針對需要幫助的人進行直接援助的民間組織還不成氣候。在臺灣，當國家富裕起來後，非營利組織隨之百花齊放；時至今日，從政治倡議到扶弱紓困，但凡想得到的宗旨，都有民間組織負責。同類型組織也正在中國興起，但還是相當稀少，組織動態也受到政府嚴密觀察與限制。

雅文基金會在臺灣有自己的獨立空間，基金會的聽力學家可以在那裡為聽障孩童做測驗，以及教他們理解華語、講華語。到了中國，雅文基金會則是與照顧身心障礙者的診所合作。他們訓練華語文教師運用雅文基金會的教學法與課程，進而幫助患者。對很多臺灣人來說，在中國開展事業，品質控管都是一大挑戰。雅文基金會在中國的合作診所，要照顧各式各樣的身心障礙者，而且往往相當官僚，不見得能接受新觀念。但鄭欽明和他的基金會決心盡可能幫助最多的聽障兒童，面對挑戰也不屈不撓。

雅文基金會改變了成千上萬設法尋路走入口語世界的中國兒童。臺灣組織掀起的潮流正在改變中國，雅文基金會即是其中一例；臺灣組織帶來了新觀念（並且重振了舊觀念），示範社會可以如何同舟共濟。

對於中華人民共和國來說，這種非營利社會服務倫理很新奇。一九四九年後，中國共產黨將經濟、政治與社會生活組織都納入黨國體制下集中管理，不給任何發展獨立公民社會的空間。一九七〇年代晚期，鄧小平開放中國，私營領域重返中國經濟，但中國人民仍仰賴黨國處理生活中的各個環節，但這樣的期望遠遠超過官方機構所能承受。

中國社會正在轉變，人民期待愈來愈高，中國政府愈來愈難滿足他們的複雜需求。某些社會職能必須移入私人領域（private sphere），於是又來了，從臺灣輸入的制度與做法再次對中國的發展起了重要的潛移默化作用。慈善、宗教、法律、流行文化——這些是臺灣對中國最主要的「軟」貢獻，長遠來看，其影響力也許終將超越投資、貿易關係、科技、商業技能等「硬」貢獻。

媽祖回家：臺灣人與中國的宗教復興

西元九六〇年，林默娘生於福建莆田，其時為大宋年間。她在二十九年的生命中成就了許多奇蹟，辭世後（據說是在湄洲島的山上羽化成仙）成為女神，號天上聖母，人稱媽祖。福建各地紛紛建廟供奉媽祖，現存最古老的媽祖廟位於湄洲島，距離她生活的莆田不遠。宋朝朝廷封媽祖為天妃，媽祖信仰於是傳播開來。到了一二〇〇年代之初，中國沿海各地都有媽祖廟。中國末代王朝在一九一一年結束時，至少有一百五十座廟祀奉這位漁民與其他討海人的守護神：媽祖。

福建人從大陸移居他地時，也帶去了媽祖信仰。媽祖先是庇佑他們航向臺灣與福建之間的澎湖，而後在一六〇〇年代中期讓他們順利登陸臺灣。庇佑討海人的媽祖，在臺灣的福建移民心目中尤其崇高。眾多宗教信仰交織於臺灣島上，其中最重要的就是媽祖信仰；直至今日，媽祖香火不滅，據估計在臺灣有八百到一千座媽祖廟。臺灣人也沒有忘記媽祖來自何方。信徒相信湄洲的「祖廟」是強大的神力來源，是人間跟媽祖感應最強的地方，因此數百年來他們都會到福建進香，拜訪媽祖在世時生活過的地方，以及祂行過神蹟的地方。

中國內戰導致臺灣跟福建兩地隔絕，結束了海峽兩岸媽祖信徒的定期交流。媽祖信仰繼續在臺灣香火鼎盛，但中國共產黨卻把所有傳統宗教活動統統打成「封建迷信」。一九五〇年代，中共雖然不鼓勵甚至詆毀宗教，但仍加以容忍；但在一九六〇年代中期的文化大革命期間，毛澤東指示追隨者破除舊思想、舊文化、舊風俗、舊習慣等「四舊」。年輕紅衛兵迫切想證明自己對毛澤東一片赤心，暴力攻擊參與宗教活動的人，並拆毀廟宇、寺院、清真寺、教堂與其他宗教場所。

紅衛兵拆毀眾多媽祖廟，至於沒拆毀的也留不住神像法器，建築物改為世俗用途。毛澤東時代的政府禁止傳統宗教活動，但鄧小平在一九七〇年代上臺領導中共後不再禁止宗教。政府頒布法令，合法化佛教、道教、伊斯蘭、新教與天主教五大宗教，允許私人信仰。儘管媽祖之類的信仰傳統其實不屬於上述五類宗教，但中國各地的善巧信徒紛紛把自己的廟宇攀附道教，以獲得合法地位與一定程度的保障。

一九八三年，中國政府允許泉州市（媽祖出生地附近）市民重修關岳廟，主祀與媽祖一樣位列仙班的關公。主導重建的人把這座廟標榜為史蹟，未來將用於道教研究；靠著「文化保存」與「學術研究」的掩護，廟方恢復了儀式活動。為籌集重建資金，「泉州保護通淮關岳廟古蹟董事會」重啟了福建與臺灣關公信徒之間沉寂多年的聯繫。

人類學家張格物（Murray Rubinstein）在一九九〇年代初期走訪通淮關岳廟，看到牆上的臺灣捐款人芳名錄。[1]中國政府允許臺灣人為「歷史保存」貢獻心力（甚至可說鼓勵，至少地方層級政府是如此）。廟方的募資活動顯然是鎖定中國之外的捐獻者，包括住在東南亞與臺灣的華人：張格物注意到，關岳廟的官史是用臺灣與香港使用的繁體字寫成，而非中華人民共和國使用的簡體字。他還在廟外廣場遇到一位在泉州與臺北兩地做生意的佛具商——兩岸零售鏈的一個早期例子。

不只關岳廟，泉州也是一座重要媽祖廟的所在地。文革期間，泉州天后宮遭到嚴重破壞，但在一九八〇年代重修，一九八八年重新開放。天后宮的情況和關岳廟一樣，廟方仰賴臺灣信徒捐獻，以挹注重建工程經費。福建各地媽祖廟在臺灣信徒眼中地位特殊：由於福建的廟宇更古老，地理位置更接近媽祖生活與成道的地點，臺灣人相信跟這些「祖廟」的連結，是自己村鎮中「分香廟」的神力來源。一間臺灣分香廟與祖廟的關係愈密切，它的神力就愈高、愈靈驗。

分香廟與祖廟連結愈深愈能強化法力與靈驗程度的這種觀念，導致臺灣幾間最古老媽祖廟之間的激烈競爭，每一間廟都努力想建立跟湄洲島祖廟之間最密切的關係，確立自己在媽祖信仰中的話語權。為了直通湄洲祖廟的神力，臺灣人恢復了舊時的進香傳統。香客帶來的錢，當然就是流向福建廟宇與當地觀光業，但他們也帶來佛具與儀軌。而且香客人數眾多：據估計，兩岸恢復交流的頭十五年裡，就有超過百萬臺灣人曾造訪湄洲。一九九〇年代之初，中國國營的國家旅行社就開始以「媽祖進香團」為號召，大打廣告；到了二〇〇二年，湄洲島旅遊局表示當年就有十萬臺灣遊客造訪湄洲島。

親炙湄洲的熱情，使媽祖香客成為推動兩岸旅遊禁令放寬背後的重要力量。商人對於中轉香港才能往抵中國的不便固有怨言，但**真正付諸行動企圖改變**的人卻是媽祖信徒。一九八七年，臺灣大甲鎮瀾宮董事會決定組團到湄洲島謁祖進香。當時，這類進香活動理論上並不合法，但進香團卻經由日本前往福建，從祖廟帶回法器，鎮瀾宮在臺灣的地位因此提高。

十三年後，陳水扁總統就職典禮剛過，鎮瀾宮董事便決定試水溫，看陳水扁是否會履行開放與中國直航的競選承諾。在一場全臺直播的擲筊儀式上，媽祖選定七月十六日為乘船直航湄洲謁祖進香之日。扁政府沒有在媽祖定的期限前同意這次直航，因此進香團（超過兩千人）經香港與澳門飛往湄洲，隨行的還有一小批臺灣記者。進香團未能成功迫使政府開放直航，但他們的行動確實凸顯政府的失約。馬英九在二〇〇八年就任總統後最早的措施之一，就是開放直航。

二〇〇八年後，前往中國的香客再也不用過境非中國港口或機場，但他們的旅途仍有些不尋常的辛苦。他們常常搭飛機、火車、船與巴士造訪諸多名山聖地，有時甚至徒步前往。他們的行李也很特別，裡面有特製的神轎、法衣、儀式用的刀槍；起乩時，乩童會用這些武器打自己。媽祖神像也和香客同行，由信徒用紅背帶背在胸前，上了飛機則用特別的方法固定在座位上。到了湄洲媽祖廟後，謁祖的分靈神像在祖廟的香煙繚繞中充盈神力，徹夜彼此親近。對臺灣香客而言，這些事情是觸動人心的性靈經驗。對福建人來說，臺灣人恢復了宗教活動的生命力，並且引入新的崇拜方式。

中國政府試圖藉由宗教交流促進兩岸融合，但不見得都能奏效。人類學家魏樂博（Robert Weller）提到自己曾參加南京市旅遊局主辦、規劃、實施的媽祖祭典。[2]儀式在一座重建的媽祖廟舉行，之所以重建，是因為地方政府希望提升南京市對臺灣人的吸引力而促成的。儘管中共官員可以把進行科儀說成是「文化保存」，但魏樂博卻發現儀式缺乏能吸引臺灣媽祖信徒的文化元素，甚至根本得不到信徒認可。魏樂博寫道，整場活動的冰點，發生在扛媽祖神轎的人把神轎放在地板上的那一刻——對真正的媽祖信徒來說，此舉簡直不可思議。魏樂博得知，沒有任何一個來自臺灣的人參與這場活動，因為科儀弄得太不像話，可能害觀禮者因此招來惡運。到頭來，這次的活動非但沒有深化共同的認同，反而讓臺灣民眾更加確定兩岸文化差異有多大。

新加坡學者張家傑觀察過多次進香。他研究臺灣信徒如何幫助包括媽祖崇拜在內的傳統信仰在中國重獲新生。在共產中國的宗教限制下，中國華人丟失了祭拜媽祖的道教科儀知識。許多敬拜媽祖的儀式，是臺灣人進香時重新引入的。張家傑形容，臺灣廟方對中國廟方來說宛如是「長兄」。他的其中一位受訪者，是臺灣某媽祖廟的廟方人員，對方提到福建人時說：「他們失去了拜媽祖……誦經……這些傳統。湄洲祖廟的誦經團是我們訓練的。他們也不懂供品。我帶蘋果去的時候，他們還以為是假蘋果！哈哈！香跟金紙也是我們重新引介回去的。現在湄洲島有正統的慶祝媽祖生日和得道升天日祭儀。在媽祖出生的賢良港，甚至還有海祭。這些都是我們把老祖宗的儀式帶回來教給他們的。」[3]

張家傑注意到這樣的情況有些諷刺：臺灣人扮演中國信徒的大哥。的確，數百年來，媽祖崇拜一直深植於福建，是臺灣人渡海進香，向最貼近信仰中心的人學習。直到今天，湄洲天后廟仍是媽祖信仰中神力最強的地方。但是，即使媽祖深植湄洲，但祂在人世間的信徒卻主客易位：來自遠方的朝聖者，陸陸續續將媽祖崇拜的儀式與信仰嫁接回枯萎的根。現在由於中國遊客可以到臺灣旅遊了，他們之中有許多人還會把廟宇納入旅遊行程裡。乍看之下覺得這好像反過來了，但我們只要想想臺灣人與中國的總體互動模式，就不會對臺灣人向中國人提供指引、建議與實質協助感到不可思議。

宗教活動與商業活動還有其他共通點。先前談過，中國政府高層之所以提倡兩岸經濟開放，多少是因為他們期待臺商與他們在中國的生意對口形成共同體，促成兩岸在政治上的凝聚。他們也把宗教交流視作某種促使臺灣人感覺自己跟中國密不可分的手法。這種相連的感受，是為了進一步瓦解臺灣人認為臺灣有其自身認同（不同於中國認同）的看法。

學者研究媽祖進香團，認為兩岸信徒互動對臺灣香客的影響相當複雜，但只有一部分跟北京的目標重疊。交流無疑會建立一種跟中國信徒的一體感，但這種情感不會自動轉化為對統一的支持。兩岸信徒一起拜媽祖的時候會感覺彼此相繫，但媽祖崇拜是以廟宇為中心（廟宇之間甚至會彼此競爭），傾向強化地方認同，展現差異，而這種情況不只存在於中國與臺灣的信徒之間，甚至存在於臺灣信徒彼此之間。臺灣香客說，他們很珍惜跟對岸有共同信仰的人建立關係的機會，但他們沒興趣推動中共的政治企圖。

利用兩岸的香客深化情感連繫，是一種軟性的促統方式。近年來，臺灣宮廟組織也成為比較硬性的促統動員方式的目標。中國的金錢透過政治網絡、幫派組織，以及試圖巴結中國的臺商，流入地方宮廟委員會。宮廟一向存在於財務灰色地帶，經手現金（而且金額可觀），又不用受司法審視。同時，宮廟選舉主委的程序也遠稱不上透明。對於中華統一促進黨這類在臺灣培養親中思想的組織來說，宮廟是個容易下手的目標。統促黨總裁人稱

「白狼」，是業經定罪的黑道。統促黨在臺灣鄉下撒錢、撒機會，像是幫助宮廟組織進香團到中國參拜。二〇一九年，白狼宣稱有三十間宮廟主事者是統促黨的正式黨員。統促黨的目標，是要培養願意支持促統立場的忠實追隨者（但他們支持促統不是出於意識形態，而是出於感恩圖報）。許多臺灣人認為統促黨是個威脅，是從內部顛覆、削弱、軟化臺灣，以利中國占領的第五縱隊。

北京方面利用宗教追求統一目標的做法並不令人意外。中共高層原本對宗教的態度是模稜兩可，但到了二〇一〇年代初期，中國國家主席習近平開始宣揚以中國傳統宗教，作為解決中國某些社會問題的方法。一方面，中共希望遠離毛澤東時代的激進與嚴控；對於控制人民日常生活的每一個環節，共產黨已不再有興趣。但另一方面，共產黨是個無神論組織，對宗教抱持懷疑，尤其相關人等裡面有中國以外的人時。近年來，中國政府對宗教活動的控制愈收愈緊。

相較於中央政府，地方官員卻用與歡迎臺灣投資人同等的熱情，歡迎臺灣香客。對他們來說，臺灣香客是歲入與地方自豪之情的來源。興建與重建廟宇，吸引口袋滿滿的觀光客前來——這可是一等一的賺錢好機會，而且數目可觀。據估計，從一九八〇年代晚期到二〇〇〇年，臺灣人捐款重建中國廟宇的金額超過三百萬美元。香火鼎盛的地方不僅能吸引更多香客，也能吸引其他旅客，其中許多來自中國國內。與此同時，有些臺灣香客搖身變成商業投資人，為地方帶來更多經濟利益。跟招商時一樣，地方官員也積極吸引臺灣宗教團體前來，即使他們得小心謹慎，用「歷史保存」與「學術研究」掩護宗教復興。鄭敦仁與黛博拉．布朗（Deborah Brown）表示，中國政府對於宗教**建物**喜聞樂見，但對宗教信仰與活動並不熱情。[4]

臺灣人在中國也投入佛教復興，積極程度並不亞於媽祖與關公崇拜。臺灣佛教界蓬勃興盛，更有幾個影響力遍及全球的組織。在臺灣，影響力最大的佛教團體，推廣的是所謂「入世佛教」，也叫作「人間佛教」。個人修行仍是宗教活動的核心，但這些團體也關注人道活動，提倡藉由宗教路徑走向共好與相互理解。它們也關注社會議題，並且鼓勵信徒主動關懷他人。臺灣幾大佛教山頭出版的文字與影像結緣品，在中國廣泛流傳。人稱「慈濟」的佛教慈濟慈善事業基金會就是其中之一；在中國對需要幫助的人提供直接援助的獨立組織中，以慈濟的規模最大。臺灣佛教各派也是世界佛教論壇的要角，其中二〇〇九年的論壇，部分在中國舉辦，部分在臺灣舉辦。

佛教堂堂正正位在中共的五人官方宗教架構中，因此中國佛教界的凝聚力遠比地方廟宇崇拜來得高，而且又能透過官方贊助的中國佛教協會直通官場。所以，中國佛教界也就不像地方信仰，比較不用靠臺灣信徒提供金援和宗教指引。即使如此，幾個臺灣佛教山頭在中國仍有很大的影響力。其中兩個最有趣也最重要的例子，就是由星雲和尚領導的佛光山，以及由臺灣比丘尼證嚴法師創辦、領導的慈濟。從這兩個團體在中國擴大影響範圍過程中所遭遇的挑戰，多少可以看出臺灣團體影響中國的限度與潛力。

一九二七年，星雲生於中國，在十歲時披剃出家。一九四〇年代，他隨國民黨政府來到臺灣，後於一九六七年在南臺灣成立佛光山教團。年輕時接觸的入世佛教，形塑了他的佛教理念。身為僧伽上首，他盡力推廣理念，宣講佛教生活的好處。二〇一七年，《紐約時報》報導稱星雲傳法的風格，「比較不是以『隻手之聲』之類禪宗公案開示信徒，而是比較接近葛理翰（Billy Graham）那種大型布道。」[5]今天，佛光山在世界各地的信徒超過百萬人，許多是在中國。（佛光山體系在洛杉磯的一所佛寺，曾於一九九六年美國副總統高爾〔Al Gore〕造訪後，引發向外國人非法籌募政治獻金爭議。）星雲版的佛教還帶有「成功神學」（prosperity gospel）的調性：有些佛教徒棄絕財富，但他卻鼓勵信徒有道取財，用來利益他人。

在臺灣，星雲是出了名的「政治和尚」（這並非讚美）。他跟國民黨關係源遠流長，甚至擔任過國民黨中常委職務。他在政黨選舉中也扮演要角，排解國民黨內部分歧，並為國民黨候選人背書。星雲援引傳統（千百年來，佛教僧人擔任中國帝師的例子屢見不鮮）與教義（人間佛教提倡積極入世），為自己的政治活動辯護。許多臺灣人批評星雲涉入政治，尤其不能接受他支持統一。據報導，他在二〇〇九年世界佛教論壇媒體發布會上說：「兩岸一家，本來同手足一體，我在臺灣說過，臺灣沒有臺灣人，臺灣很多中國人嘛，你說臺灣哪一個不是中國人？」他如此問。「本來如兄弟，十三億人口都是可愛的兄弟姐妹。」還有，「我想，來往，你來我往，來往多了，誰來誰往就搞不清楚了，那就統一了；或者是你愛我、我愛你，究竟誰是你、誰是我也搞不清，誰是臺灣、誰是大陸，那麼一家就統一了。」[6]

星雲對統一的熱情在中國相當受到歡迎，他也因此得以在中國展開大型宗教活動。自二〇〇三年首度出訪中國以來，星雲在中國建設甚多，犖犖大者如一間藏書兩百萬冊的圖書館，一座造價一億五千萬美元的佛教園區，以及在中國四大城市成立的文教館。他曾在好幾個場合與中國國家主席習近平會面，習近平表示自己讀過星雲的著作。然而，在臺灣，政治參與是佛光山的一大特色，但在中國卻完全看不到佛光山介入政治的痕跡。星雲甚至淡化其活動的宗教意義，更喜歡說自己的任務是「弘揚中華文化」，而不是傳佛法。至於對共產黨的看法，星雲這位前國民黨中常委告訴《紐約時報》：「誰主政都好，我們佛弟子都支持。佛教徒不碰政治。」

確實，「不碰政治」似乎是佛光山想在中國活動必須遵守的底線。一位臺灣學者告訴《紐約時報》：「大陸還保有以前皇帝的思維，想在那裡活動，就必須牢牢受它控制。佛光山在大陸永遠別想自己做主。」[7]佛光山甚至連直接濟貧也不行。

佛光山強調禮佛與佛學教育，淡化社會功能，慈濟則反其道而行。慈濟之所以獲准為中國需要幫助的人提供援助，多少是因為基金會淡化自己的宗教元素，表現得有如以宗教濟世為目標的慈善組織，而非以慈善為目標的宗教組織；但在臺灣，慈濟的核心還是宗教。

慈濟創辦人證嚴法師與星雲一樣出自入世的人間佛教傳統，但她對人間佛教理念的詮釋卻不同於星雲。她關注「大愛」，核心理念則是「菩薩所緣，緣苦眾生」。這條準則體現在慈濟人習慣對接受援助者道謝，感恩對方讓自己有機會付出這樣的做法。慈濟最初的社會基礎是臺灣中產階級；證嚴有許多弟子是專業人士與主管。典型的慈濟支持者事業有成，他們是來慈濟尋求物質財富所無法給予的心靈完滿。證嚴法師建立了一個組織，讓追隨者可以在組織裡發揮自己從職涯中發展出來的專長，為他人提供協助，從而使心靈獲得滿足。

證嚴法師的法教與傳統佛教有一點極大的不同：許多佛教徒認為行善本身就是行善的目的，但她認為行善若要有意義，就必須真正令受贈者獲得利益。行善所滿足的必須是真正的需求，滿足需求的方式必須有效率，而需求的滿足必須直接為之，光是透過第三方提供協助是不夠的。「慈悲」的真諦是直接面對苦難，與苦難同在。這種信念與佛教徒放生魚鳥的做法大相逕庭（有些魚鳥甚至是因為要給人放生，才會被抓的）；這導致慈濟在進行捐助前，會先做經濟狀況調查，並要求受贈者提供嚴格的自評。慈濟也非常注意他們的援助如何影響受贈者。慈濟設在中國的某機構臺籍主管告訴我，不久前她停止對某個受助家庭提供現金援助，因為她得知這家的男主人會拿這筆錢買酒喝，讓家裡的情況雪上加霜。

慈濟實事求是的態度，反映出基金會創立、發展時的臺灣社會經濟環境：從一九六五到二〇〇〇年代初期這幾十年，企業精神與勤奮工作使臺灣GDP有了雙位數的成長。證嚴法師的經濟思維甚至也應用在慈濟的常住師父身上。大多數佛教組織仰賴信徒布施，但慈濟精舍卻是販售常住師父製作的商品，自給自足。基金會募得的功德款全數用於慈善活動。慈濟跟佛光山這類型的佛教團體還有一點明顯的差異：證嚴法師禁止信徒參與政治。此外，她也禁止基金會成員勸他人改宗（雖然還是有批評者認為慈濟只提供素食的做法，是把宗教傾向強加於需要援助的人）。

注重慈善工作效率、人員專業與自我評價，使慈濟成為高效的慈善組織。慈濟在上百個國家設有機構，志工數以百萬計，足以因應幾乎每一個地方的各種需求，尤其是第一線的賑災。無論是二〇〇四年的南亞大海嘯、卡崔娜颶風、二〇一五年尼泊爾地震等天災，或是九一一事件等人禍，身著藍衣白褲工作服的慈濟志工往往第一個抵達現場，努力穩定情勢，安撫災民，協助救援、復原與重建工作。慈濟也有比較平常的任務：救饑扶貧，為醫療資源不足的群體提供照護。慈濟尤其重視醫學研究與教育；慈濟最初的善舉之一，就是在臺灣醫療資源最缺乏的東部蓋了一座慈善醫院。慈濟也推動捐贈大體作為研究之用，以及骨髓與器官移植。傳統華人文化不會贊同這兩種做法，但證嚴法師的倡議讓臺灣成為亞洲器官捐贈率最高的地方。

一九九一年，慈濟為中國華東水災災民送去第一批毯子、衣物與救助金，此時慈濟已是臺灣最大的慈善組織。到了二〇〇八年，慈濟成為第一個獲准在中國各地活動的外國基金會，此時中國每一個省分早已有響應急難的慈濟志工了。不過，最大的挑戰發生在二〇〇八年五月十二日，四川省遭遇歷史上最嚴重的震災之一。汶川大地震約有九萬人喪生，近五十萬人受傷，五百萬人無家可歸，經濟損失僅次於引發嚴重海嘯與核反應爐爐心熔毀的二〇一一年東日本大地震。當時的四川迫切需要慈濟數十年來累積的賑災專業。

中國政府在震災隔日接受慈濟協助的提議，一架包機在五月十四日從臺北載著補給品直飛四川。第一批慈濟志工在五月十五日抵達，距離地震發生僅僅三日。慈濟基金會在四川停留數月，提供餐食、庇護所、醫療協助，並搭建臨時房屋與學校。此外，慈濟向世界各地募資超過六千萬美元用於救災。同年稍晚，中國政府允許慈濟在中國設立長期辦公室。

慈濟在中國直接提供濟弱扶貧服務的能力，可謂獨一無二。基金會淡化其宗教色彩，刻意避免涉入政治（臺灣政治與中國政治皆然），從而保有這項特別待遇。即使如此努力，有時候還是不夠。儘管慈濟在二〇〇八年四川震災後賑災不餘遺力，但兩年後政治敏感的青海省藏區發生地震時，中國政府卻不允許慈濟參與救災。鄭敦仁與黛博拉·布朗表示，紅十字會是當時唯一獲得中國當局允許賑災的臺灣救難組織。

慈濟在中國不只應急救難，更於當地深耕。慈濟在中國的據點由臺灣人主持（通常是臺商或是其家人），但中國人也可以擔任志工，參與基金會活動。慈濟蘇州志業園區占地廣大，除了執行社會服務所需後備區域之外，也提供關於證嚴法師法教及基金會慈善工作的資訊。園區內作為講道之用的靜思堂空間寬敞，志工投入社區工作之前也須先在這裡接受培訓。總部人員導覽時，會小心避免任何暗示志工已改宗的言詞，但園區本身處處可見許多相關資訊，讓追求性靈的人可以一面照顧需要幫助的人，一面學習慈濟的宗教理念。

無論是世俗性的雅文基金會，還是宗教性的慈濟基金會，但凡有外部資金贊助的慈善活動，對中國政府來說依舊敏感。安娜・海（Anna High）的研究指出，在中國開設孤兒院的基督教傳教士，也面臨與臺灣人道活動者類似的挑戰。[8] 一方面，國外慈善組織能提供中國地方政府無力承擔的重要社會服務。但另一方面，北京決心阻止外人在中國設立機構，以免有人以此為據點暗中調度人力與資源。這正是中國政府限制外國慈善組織活動範圍與內容的原因。絕大多數的活動也得不到官方認可，這些活動因此被迫在「不確定與不設防」的灰色地帶中運作。與此同時，中國政府也要求慈善組織避免涉入政治。就連支持統一的星雲大師，人在中國時也會避談政治。

從鄧麗君到周杰倫：臺灣流行文化橫掃中國

一九九二年，加州大學柏克萊分校社會學教授高棣民（Thomas Gold）到上海、杭州與廈門轉了一圈。[9]一路上，他有了驚人的發現：臺灣與香港流行文化已經征服了中國！

高棣民一眼就能認出臺灣流行文化：他曾在臺灣做研究數年，對於臺灣經濟發展有別開生面的創見。他也曾在毛澤東時代落幕時的中國生活過，因此對「以前」的樣子夠熟悉，足以認出「以後」的樣子。他在《中國季刊》（*China Quarterly*）的文章上一一羅列自己的發現，細數流行文化帶來的各種影響：

■文學與電影：「大陸出版社紛紛出版……臺港作家所寫的當代小說。」「電影院與電視上播的是臺灣和香港電影……。臺港電影盜版錄影帶在光天化日下販售。」

■廣告：「電視廣告跟臺灣廣告有著相彷彿的粗糙畫質與不同步的配音。裡面穿著時尚的演員生活在消費世界，室內裝潢顯然反映的是臺港中產階級品味。」

■室內裝潢：「餐廳裡閃閃發光的鉻柱，水族箱中的生猛海鮮，明亮的照明，拋光過的油氈或大理石地板，還有穿著制服的服務生，就和我在香港與臺灣看到的差不多。」

■都市設計：「深圳的建築與市容就像九龍的鏡像翻版，廈門到處都是模仿臺北繁榮市郊風格的連棟透天厝和公寓，取個像是『臺灣村』這樣的建案名。」

高棣民觀察到，流行音樂與卡拉OK相偕而來，是最無孔不入、再明確不過的臺灣文化輸入。高棣民寫道，「以港臺歌手和演員為主題的娛樂雜誌在大陸出版銷售，視他們為巨星偶像。設計古板的出版品……格格不入地報導臺港名人來訪，配上他們演唱會的照片……。電視上中國自己的音樂表演……跟港臺電視上所見愈來愈像：精心打扮的歌手與陪襯的舞群，以及用閃燈與乾冰打造出來的『氣氛』。」與此同時，「城市裡到處都是卡拉OK店」。

當代中國流行文化受到許多影響，融合了全球性（搖滾樂）、區域性（卡拉OK）與本地性的特色。但看在高棣民眼裡，拿一九七九年的中國流行文化與一九九二年一比，臺灣與香港的影響力再清楚不過了。放眼望去，中國各地都在吸收、重製、改造來自臺灣與香港的流行文化。這種趨勢持續了整個一九九〇與二〇〇〇年代，但也像其他許多類型的「入侵」一樣，開始在二〇一〇年代初期消退，而且情況在習近平二〇一二年掌權後尤其明顯。

自創黨以來，中國共產黨一直把流行文化當成政治手段。毛澤東時代的音樂、視覺藝術與戲劇，統統要為黨國建設社會主義新中國的目標而服務。到了一九七〇年代晚期，鄧小平展開改革與開放時，一股久經壓抑的龐大渴望已醞釀許久，希望聽音樂純粹只為了享受，毋須為政治目的服務。臺灣音樂人蓄勢待發，攫住那股渴望，而第一位贏得中國人心的歌手就是鄧麗君。

一九七九年，人在上海留學的高棣民聽到同學偷放這位臺灣歌星的錄音。鄧麗君浪漫、懷舊的唱法（令人想到臺灣人非常喜愛的另一位歌手，凱倫・卡本特〔Karen Carpenter〕）和她流利的外語能力與音樂風格，讓她風靡臺灣、香港、日本、中國等地。鄧麗君生在軍人家庭，十多歲便出道唱歌；直到她於一九九五年辭世之前，她的歌始終高居東亞各地排行榜的前段。她的歌呈現出臺灣流行音樂發展的軸線，從日本時代的演歌到臺語歌，而後在旋律、題材與語言上發展出一種獨特結合，最終形成所謂的「華語流行歌」。

從 YouTube 上幾十部鄧麗君歌曲影片下的留言，就能證明她的人氣在死後二十多年仍歷久不衰。（請搜尋〈月亮代表我的心〉，聽聽她這首受最多人喜愛的歌曲之一。）她的名聲傳遍了華語世界，中共高層起先試圖把她的音樂擋在外面，但她的甜美嗓音擋也擋不住。一九七〇年代晚期，甚至有「白天聽老鄧（鄧小平），晚上聽小鄧（鄧麗君）」的說法。

鄧麗君是第一人，或許也是最成功的一位，而她的人氣使中國門戶大開，臺灣音樂隨之湧入，勢頭大到有人說這是「反向入侵」。一九八〇與九〇年代，臺灣最有趣的新音樂多半著重在島上的民主轉型，深化民族認同，但無涉政治的流行歌手也是臺灣乃至於中國舞臺上的要角。臺灣歌手侯德健靠著愛國歌曲〈龍的傳人〉，征服了中國年輕人的心。然而，侯德健參與了一九八九年天安門廣場的學生示威，他在中國的發展也就此結束。

一九八〇年代，臺灣華語流行樂手與香港粵語流行歌手瓜分了中國市場。不過，粵語流行歌聽眾有限，畢竟中國大部分人還是偏好聽唱華語歌詞的歌曲，所以到了一九九〇年代領跑的是華語流行樂。人類學家林楓（Marc Moskowitz）寫過一本談臺灣華語流行樂在中國發展的書。林楓表示，二〇〇二至二〇一〇年間，臺灣華語流行歌曲占了中國華語音樂市場的八成。

林楓觀察的時代雖然比高棣民晚二十年，但結論是一樣的。據林楓所說，一九八九至二〇一〇年間，臺灣對於中國流行文化影響清晰可見（也可聽），而且遍及各個領域。他的書《喜極而泣，悲夫而歌》（*Cries of Joy, Songs of Sorrow*）提到許多高棣民提過的主題，像是臺灣對於中國在廣告、設計、文學與音樂方面的影響，但他專門探討華語流行樂如何影響中國人對於性別、認同與消費的看法。

林楓主張華語流行樂不只是用華語唱西方流行音樂而已。最成功的藝人，把來自東亞與西方傳統的元素融為一爐，創造出全新的音樂，特別能打動中國與臺灣的華語聽眾，乃至於在全球開枝散葉的華人。把這種風格發揮到極致的人，是臺灣華語流行樂天王周杰倫。

從各個角度來看，周杰倫的音樂生涯都極為出色。他成功穿越了臺海關係的艱險，成為兩岸人的偶像。其間，他開拓了社會所能接受的陽剛特質範圍，同時成了馮應謙所謂「『安全的』中國性」（'safe' Chineseness）的化身。[10] 周杰倫的作品多半是受 R&B 影響的情歌。他的 MV 充滿長鏡頭，畫面一直停留在他的帥臉上。他也有比較快節奏的一面，融合了嘻哈樂舞與傳統中國樂器和武術。〈雙截棍〉的MV有一大段武打畫面，周杰倫一面英雄救美，打趴一大堆惡棍，一面念著「什麼兵器最喜歡／雙截棍柔中帶剛」的饒舌歌詞。周杰倫的形象是個時尚、全球化、揚眉吐氣的華人。他是華人陽剛特質的化身，跟他最喜歡的兵器一樣柔中帶剛。他巧妙融合上述所有元素，在兩岸圈粉無數。

臺灣流行文化不只影響歌曲，也影響了說話方式。海峽兩岸的官方語言都是華語。雖然各地仍會講自己的方言（事實上比較像是獨立的「語言」，因為只講華語的人聽不懂這些話），但多數人都能聽說華語，年輕人更是近乎百分之百。不過，這倒不是說各地講的華語都一樣。在臺灣講的華語跟在中國講的華語有非常明顯的差異——從「官話」開始就不一樣，在臺灣叫「國語」，在中國則叫「普通話」。

臺灣人說的「臺灣國語」，無論是發音、句法、語彙還是腔調，都跟中國講的普通話不同。兩者的差別有如英式英語與美式英語：我們兩種都聽得懂，但一聽就知道A是A，B是B。臺灣許多家庭祖上來自福建，而臺灣人的發音、句法與用字遣詞，反映出福建漢語方言閩南語的影響。雖然從一八九五到一九四五年，臺灣的官方語言是日語，但閩南語直到一九四五年都是臺灣的通用語。一九四五年，國民黨領導的國民政府接收臺灣後，強迫閩南語使用者（以及客家語和原住民諸語言使用者）改講國語，但閩南語與日語的元素仍留存在他們講話的方式裡。

至於腔調，許多華語使用者表示臺灣人講話比中國普通話來得溫、軟、柔、暖。語言學家表示，這或許是因為臺灣人講話速度比中國人慢，也因為他們習慣用「喔」、「啦」、「嗎」等語氣詞作為句尾。許多中國人認為「嗲」是臺灣人講話的另一項特色——孩子氣、做作、裝可愛，甚至有點刺耳。

聽在許多中國人耳裡，臺灣腔就像美語「語尾上揚」的習慣，愛的人很愛，討厭的人很討厭。研究發現，中國聽眾有時候認為臺灣腔很潮、很親切；臺資投資中國之初，臺灣腔會讓人聯想到財富與現代。到了二〇〇〇年代初期，中國流行文化人物如歌手、演員與電視播報員開始模仿臺灣腔，在講話時加入軟語，添上嗲音。這股趨勢明顯到拉響中國政府腦中警報。二〇〇五年，國家廣播電影電視總局發布通知，重申電視節目主持人不得使用「不標準」的普通話，特別點出必須避免「模仿港臺腔」，以維持普通話的標準。

除了腔調，臺灣人還有其他講話的特色跨足到對岸。一同上路的還有用詞。「同志」一詞是我最愛的例子，這個詞先是從中國傳到臺灣，然後又傳回中國，詞意在過程中轉變，甚至推動了全面的社會浪潮。「同志」是中國共產黨對同黨人士的敬稱。毛澤東時代，中國人避免用「先生」、「小姐」、「醫生」、「老師」等特定頭銜，改用不分你我、階級、性別的「同志」。

這個詞的新用法首見於香港，一位雜誌專欄作家用「同志」稱呼LGBTQ。一九八九年的香港同志影展採用「同志」一詞之後，這種用法迅速在香港生根，然後發展到臺灣。臺灣LGBTQ人群從一九九〇年代開始自稱「同志」，他們很清楚（事實上他們還很樂在其中）把中共的用詞改用在如此顛覆的目的上深具諷刺意味。臺北每年都會舉行亞洲最盛大的LGBTQ遊行，活動的正式名稱就叫「臺灣同志遊行」。「同志」的新意涵從臺灣與香港回流中國，許多當地LGBTQ人群與組織採用了這個意思，像是北京同志中心；中心網站說明其使命為「創造多元、包容的社會環境，使得同志社群享受平等權益並獲得健康、自主，有尊嚴的生活」。整個華語世界的LGBTQ社群誠心擁戴「同志」一詞，對中國共產黨來說挺頭痛的，在二〇一六年還曾提倡要恢復這個詞原本的用法。

為二十一世紀經濟建構制度基礎

臺灣人不只影響了中國的文化環境，也影響其制度。在一個鮮為人知但十分重要的領域，臺灣人形塑了中國的發展，那就是法律。毛澤東主政時，中華人民共和國曾兩度起草、實施民法典，但都以失敗作收。一九七〇年代，鄧小平推動改革開放之後，北京又試了一次。這一回依然失敗。毛澤東時代的問題是政治，鄧小平時代的障礙則是法律專業已追不上變化迅速的中國經濟。中國法律學者是在社會主義政治與經濟體系下養成的產物，他們的專業領域多半是蘇聯或傳統中國法律，而這兩者都無法為鄧小平心中希望的國家發展方向提供理想模範。當務之急是為合約制定法律框架，但社會主義的法律觀念，實在很難調整到符合一個私人所有權與市場交易占據前所未見重要地位的經濟體所需。

一九八〇年代，北京叫停了發展整套民法典的做法，改採單點模式，根據明確目的來編纂個別法律。中國民法一路蹣跚前行，直到一九九〇年代，中華人民共和國才終於掙脫社會主義司法模式，並採用一套統一的契約法。這是中華人民共和國的法律第一次不是受到蘇聯或其他社會主義模式影響，而是受到資本主義國家（尤其是德國）的法律概念影響。

法律起草之所以如此困難，其中一個原因是中國法學專家讀不懂社會主義集團以外的法律文本。若要引進新的模範，就需要找顧問，找有能力把複雜文件與陌生概念用中文表達的人。有誰比臺灣法律學者更能勝任這個任務？臺灣法律架構受到德國與日本影響，可說是道地的大陸法系，而這也是中華人民共和國想走的方向。中國官員與學者希望打造出穩固、可預測的法律環境，臺灣法律人也樂於擔任顧問和老師。臺灣著名政治學教授朱雲漢在二〇一二年寫道，「近年來，中國致力於全面修訂其民法與刑法、訴訟與清算程序，以及法規架構，過程中臺灣法律研究成果一直是中國汲取最多的海外思想資源。」[11]朱雲漢羅列許多形式的合作，從法學教育到學術交流，「遍及金融與銀行、公共行政、管理學、地方治理與調查研究領域。」

想要建立起能夠適應二十一世紀全球化經濟的基礎制度架構，向臺灣尋求專業協助是很合理的做法。找臺灣人當顧問，不僅加快及緩衝了中國融入國際規範與慣例的過程，對於臺灣人在中國工作也有幫助。要去適應中國的政治習慣這件事躲不掉，但至少民法與商業法是熟悉的。而這份熟悉也是臺灣投資人的另一項優勢。

兩岸政治情勢緊張，中國居然願意吸收來自臺灣的商業法建議，實在耐人尋味。此事顯示對於北京來說，為新的經濟行為發展法律框架是出於實際考量，並不擔心有政治風險。但是，對臺灣思想敞開大門，難免會有一些更敏感的主題溜進來，例如民主觀念。

二〇〇六年，我住在上海，房東是臺灣有線電視新聞臺TVBS的狂粉。其實，只要是臺灣有線電視新聞節目，他都很愛，愛到特別買了小耳朵裝在公寓外，對準臺灣方向接收訊號。他喜歡這些節目的原因，倒不是因為具體的論辯題目，而是節目上毫不遮掩的政治意見分歧。許多臺灣人一聽到這些政論節目就會大翻白眼，但我的房東告訴我，他好希望哪一天中國死板的國營媒體，能夠播出人們為了政治議題對彼此咆哮的畫面。他在TVBS上看到臺灣那種吵到臉紅脖子粗的民主，他超想要。

曾經，「臺灣民主會如何影響中國政治發展？」是個能帶出樂觀預期的問題。

寫過文章探討臺灣在中國司法制度發展過程中所扮演角色的政治學家朱雲漢，也曾提到北京的民政部針對如何發展村鎮選舉，有諮詢臺灣專家的意見；我在一九九〇年代參加過一次公聽會，跟北京派來的官員挨村挨鎮向地方共黨幹部宣傳民主選舉。如同許多觀察家所言，臺灣證明了民主在華人文化社會中確實可行。許多夢想中國有朝一日能夠實現民主的大陸人，很希望可以從臺灣身上得到啟示。

眼下，他們的夢想得留待他日了。習近平主政下的中華人民共和國，已與政治自由化愈來愈遠。如今，臺灣民主對中國來說往往是個問題，畢竟支持獨立的意見比以往更抬頭。此外，臺灣近幾次選舉選出的領導人，對於追求統一也沒有興趣，尤其對北京提出的統一方案興趣缺缺。大陸的中國民族主義者已不認為臺灣民主是標竿，而是阻礙。然而，先前其實有好些年時間，中國允許自己吸收臺灣的法律、政治制度與思想。其影響就算目前在政治層面是看不到的，但在法律層面仍可見痕跡。

小結

流行文化的現況與商業、科技領域一樣，中國在近年來已追上臺灣，甚至在某些環節已超越臺灣。不久之前，還有許多中國人視臺灣為成熟品味與現代性的重鎮，距離遠到可以成為目標，但又相似到不至於遙不可及。隨著上海與深圳等中國城市發展成國際輻輳，中國幻想中的臺灣於焉褪色。來自中國第一線城市的遊客，每每表示臺灣比故鄉落伍，甚至破舊。雖然鄧麗君讓中國人聽見了流行音樂，但今天的中國不乏本土音樂人的歌曲可聽。

臺灣文化影響力漸趨微弱，倒也不只是市場力量使然。習近平主政的中國積極圍堵臺灣的影響力。中國高層不僅不讓臺灣文化與思想影響大陸的價值觀與流行時尚，更設法運用市場力量來改造臺灣。中華統促黨滲透改變宮廟組織使其為北京利益喉舌的做法，只不過是其中一個例子。中國還迫使臺灣藝人在「表達政治自由」和「接觸中國受眾」之間做選擇。最有名的例子，是一位從華語流行樂壇天后搖身一變，成為臺灣原住民女權英雄的歌手。

這位歌手在事業的初期叫作阿妹。她從未隱藏自己的原住民血統——在一九九六年的專輯《姊妹》裡，她的母親及姊妹們和她一起用族語卑南語唱歌——但她的自我定位還是藝名阿妹（漢名張惠妹）的主流華語流行樂手。一九九〇年代晚期，阿妹四處巡演，也成功在北京和上海舉辦演唱會。一九九八年，《告示牌》（*Billboard*）雜誌稱她為亞洲最紅歌手，而一九九九年的〈給我感覺〉，更是臺灣流行音樂史上銷量第一的單曲。她的區域明星實力為她贏得雪碧亞洲區代言人的合約，而一九九九年的巡迴演唱，中國與香港、新加坡和馬來西亞，都有她的足跡。

二〇〇〇年五月，阿妹在陳水扁總統就職典禮上獻唱中華民國國歌。北京暴跳如雷；

一夕間，阿妹的歌聲與影像就從中國消失了。據中國政府一位發言人表示，「這是政治事件，她在這麼大的場合上做得太超過，一個有這樣行為的歌手，我們怎麼可能讓她再出現在大陸？」可口可樂發言人告訴BBC，就職典禮前一晚，北京就下令要求即刻停播雪碧廣告，並且把有阿妹倩影的的看板從中國各地撤掉。

阿妹對於引起這樣大的風波感到驚愕；唱片公司沒有人有所警覺。典禮前幾天，有記者問她出席領唱會不會傷害在中國的發展，但她對這問題一笑置之。典禮結束後不久，失落的阿妹告訴記者，「總統認為我可以代表這麼多人，這是我一輩子難得的機會。國歌是我從小唱到大的，我沒想過唱國歌會有什麼事。」二〇〇一年一月，《新聞週刊》（*Newsweek*）一篇報導交代了更多來龍去脈。一位MV執行製作人受訪表示，是北京把阿妹給政治化，試圖利用她的臺灣原住民身分及樂意成為「兩岸善意象徵」（《金融時報》說法），來強化其臺灣為中國領土的主張。這位製作人表示，中方宣傳死抓著阿妹的身分，說她是「少數民族」歌手——他們給維吾爾裔或蒙古裔歌手貼上的也是一樣的標籤。北京宣稱臺灣為中國領土的一部分，而阿妹出席的總統就職典禮，就職的總統卻是個反對這種主張的人，這不是北京計畫中的一部分。

蓋南希（Nancy Guy）在《民族音樂學》（*Ethnomusicology*）學報上有一篇有趣的文章，細究阿妹的就職典禮領唱事件，呈現了不同受眾對這件事情的看法。這起事件引發諸多不同反應；蓋南希認為，「可以這麼解讀，阿妹既代表了『現代』與『全球』的臺灣形象，同時也代表了『屬於臺灣的』臺灣形象。」[12]事實上，阿妹最後的確回到她的臺灣根源。

遭到封殺導致阿妹在中國廣大市場曝光的機會大減，但她的事業並未因此終結。她到國外待了一段時間，據說是為了讓喉嚨恢復。她製作了一部音樂劇，錄製了與安德烈·波伽利（Andrea Bocelli）的合唱，在日本人改編的普契尼（Puccini）《杜蘭朵》（*Turandot*）登臺，還成為臺灣的觀光大使。她持續發表專輯、巡迴演唱，並贏得獎項。她甚至重返中國，只是得到的待遇已經不同。二〇〇四年，由於浙江大學學生抗議她的演出，說她支持臺獨，她因此被迫取消演唱會。幾個月後，她再度嘗試開演唱會；這一回，她的歌迷在演唱會場外與抗議者發生衝突，據說阿妹因為壓力太大而淚灑舞臺。回到臺灣之後，她試圖安撫中國民族主義者，告訴記者自己「作為一個中國人，要為大家唱中國人的歌」，但這段聲明卻激怒了臺灣民族主義者。她的跨海峽音樂事業之路看來已走到了盡頭。

二〇〇九年，阿妹改變了唱法，也改變了名字。她絕對比鄧麗君更搖滾，而她的新唱腔跟鄧麗君為人所稱道的甜美——幾乎是甜到膩的嗓音——相去更遠。同名專輯《阿密特》讓歌迷認識了阿妹的卑南族族名「Kulilay Amit」，也認識了全新的音樂風格。對此，Cello Kan刊登在「Taiwan Beats」網站上的樂評實在入木三分：

阿密特的出現，不單在音樂上跟張惠妹很不一樣，連歌詞也非常偏鋒，不是華人常有的主題，整體來得很黑暗、很歌德，甚至有點病態，要從一個流行面，跳進一個黑暗面，除了音樂、文字外，當然形象也是很重要，阿密特整體包裝上，可以說把張惠妹變了另一個人，是完完全全另外一人。……如果《阿密特》是阿妹想將從前的包袱解脫，換取重生，在音樂上有新探索，試圖去新領域遊玩，帶領粉絲群與樂迷去接受一個全新的她，全新的音樂類型。那今回下藥更猛，更有野心，更要再下一城。……這張是史詩式概念專輯，音樂元素之多元，近年難得，是Muse、Linkin Park那種重型再加上古典、歌劇、Reggae、Dancehall、原住民、Electro、Dub Step、電音等全部放進去……。每年我們都期待有一張專輯能代表那一年，《阿密特》這張相信是最能代表今年的，我想後面的也很難超越這一張，如果要形容，我會說如果今年只買一張華語唱片，那這張是最好的選擇。

《阿密特》凸顯這位歌手的臺灣原住民身分認同。專輯主打歌是用卑南語唱的搖滾版卑南古調，專輯封面與MV都用了原住民意象。《阿密特》與二〇一五年發行的《阿密特／AMIT2》，雙雙把原住民意象與強烈的女性主義元素揉合。〈黑吃黑〉與〈母系社會〉等歌曲的MV，勾勒出女性強力反抗對男性權威的順服。無論阿妹還是阿密特，她的這兩個化身都備受華語世界LGBTQ受眾的熱愛。她舉辦演唱會，聲援同志婚姻平權運動，在舞臺上唱了有同志「國歌」之稱的〈彩虹〉。此外，她在保守的新加坡舉辦的一場演唱會上演唱〈彩虹〉，當同志情侶接吻鏡頭出現在大螢幕時，全場歡聲雷動。

從含糖氣泡飲料的區域代言人，到同志偶像與自豪的原住民女性主義者，張惠妹／阿妹／阿密特走了很長的一段路。我不敢說自己瞭解是什麼促成了她的路線改造，但她不再滿足所有人，包括不再滿足中國保守分子的這個決定，感覺就像是臺灣社會過去十年來的發展軌跡。如果唱中華民國國歌反倒使阿妹搖身成為追求獨立的勇士，那還何必努力討好中國民族主義者？不管中國民族主義者喜不喜歡，她都可以勇往直前，做真正的自己。

1 Murray Rubinstein, *The Revival of the Mazu Cult and Taiwanese Pilgrimage to Fujian*, Working Papers Issue 5 (Cambridge, MA: Fairbank Center, 1994).

2 Robert P. Weller, "Cosmologies in the Remaking: Variation and Time in Chinese Temple Religion," in *It Happens among People: Resonances and Extensions of the Work of Fredrik Barth*, edited by Keping Wu and Robert Weller (New York: Berghahn Books, 2019).

3 J. J. Zhang, "Paying Homage to the 'Heavenly Mother': Cultural-Geopolitics of the Mazu Pilgrimage and Its Implications on Rapprochement between China and Taiwan." *Geoforum* 84 (2017): 38.

4 Deborah A. Brown and Tun-jen Cheng, "Religious Relations across the Taiwan Strait: Patterns, Alignments, and Political Effects," *Orbis* 56, no. 1 (2012): 60–81.

5 Ian Johnson, "Is a Buddhist Group Changing China? Or is China Changing It?" *New York Times*, June 24, 2017.

6 Loa Lok-sin, "Taiwan Buddhist Master: 'No Taiwanese,'" *Taipei Times*, March 31, 2009.

7 Johnson, "Is a Buddhist Group?"

8 Anna High, "'It's Grace and Favor: It's Not Law': Extra-legal Regulation of Foreign Foster Homes in China," *University of Pennsylvania Asian Law Review* 12 (2017): 357–405.

9 Thomas B. Gold, "Go with Your Feelings: Hong Kong and Taiwan Popular Culture in Greater China," *China Quarterly* 136 (1993): 907–925.

10 Anthony Y. H. Fung, "The Emerging (National) Popular Music Culture in China," *Inter-Asia Cultural Studies* 8, no. 3 (2007): 435.

11 Yun-han Chu, "China and the Taiwan Factor," in Democracy in *East Asia:A New Century*, edited by Larry Diamond, Mark Plattner, and Yun-han Chu (Baltimore, MD: Johns Hopkins University Press, 2012), 92.

12 Nancy Guy, "'Republic of China National Anthem' on Taiwan: One Anthem, One Performance, Multiple Realities," *Ethnomusicology* 46, no. 1 (2002): 112.

第十章

時代的盡頭？

一九八七年，臺灣旅客在將近四十年後首度獲准前往中國；剛抵達的他們，想必感覺穿越了時空。他們在旅途終點看見的中國，才正要從數十年的孤立中轉頭向外。中國經濟遠遠落後於臺灣，加工出口產品寥寥無幾，國內市場消費性商品奇缺。但早期來到中國的旅客，卻在中國一片荒蕪的經濟中看到了潛力與契機；他們用五年時間，把中國南部與東部的幾個地方變成製造業的熱區，鞋子、衣服、玩具源源不斷輸出，供給全球市場。不到十年，他們便把中國變成全球ＩＴ製造產業鏈的關鍵環節，不久後甚至成為全球電子設備的主要來源。臺灣投資人以獨門絕技，成功結合了中國充沛的勞力與主宰全球製造業商品市場的品牌。過程中，他們不只重塑了中國經濟，也改造了臺灣經濟，甚至扎扎實實改變了全球經濟。

然而，如今局面已經改變。三十年的爆炸性成長過後，臺灣企業的投資已不再是中國經濟的動力。臺資投入的量持續增加，但質卻不同以往。最關鍵的一點，或許是臺灣的投資不再具有當年那股轉變中國經濟的力量了。這種改變對臺灣個人與企業、中國經濟、兩岸關係，乃至於全世界，都有深遠的影響。

大多數的經濟體的起飛方式很像波音七四七，先是長時間在跑道上滑行，最後在晃動中飛上天，引擎呼嘯而過（或者以不同於波音七四七的結局墜落地面）。中國的起飛更像是從航空母艦上彈射起飛的戰鬥機。漸進起飛的話，中國承受的壓力會比較小；而以戰鬥機方式起飛，駕駛員得承受G力拉扯，中國經濟在迅猛成長的同時就跟戰鬥機駕駛員一樣，承受著巨大的壓力，像是GDP用於投資與用於消費的比重長期失衡。中國領導人決定專攻出口導向製造業，更加重了高速起飛的壓力，但他們堅定不移，深信有能力化解這種張力，決心讓民族發展、富裕起來。

當中國從毛澤東時代人為造成的經濟孤立中重現於世時，身上擁有龐大的經濟潛力。其勤奮、積極的百姓，功勞絕不亞於那一代別出心裁又實事求是的領導人。但是，讓中國穩居全球製造業領先地位的產業，卻不是在中國政府扶持下成長的產業。出口是中國經濟的關鍵，沒有出口，中國國內經濟就不會達到起飛速度。中國主要的出口商品是機械、電子與高科技產品，勞力密集的輕工業消費性產品，以及IC（積體電路），而上述這些產品都屬於由外資扮演關鍵角色將中國帶進全球製造鏈的類別。外資當中的領頭羊則是臺灣人。

若沒有臺灣投資人把出口製造業帶進中國，中國崛起的速度想必會慢得多。出口使中國的GDP成長一飛衝天。出口帶來了外匯，可讓北京用於支撐匯率與升級技術。製造業為中國政府帶來龐大的財富，同時啟動了一個循環：中國於是有能力擴張軍隊，以及擴大外交關係和它對世界各地的影響力。出口導向工業化也幫助了中國眾多個人變成超級有錢的人，並且為數百萬中國人提供就業機會，讓他們脫離貧窮。

中國發展模式的優點之一，在於領導層決定讓新的經濟型態隨著既有經濟組織一起成長。我們不妨把中國經濟想成一片森林，在一九七〇年代的森林裡都是大樹（國有企業），許多大樹已經過度生長到不健康了。鄧小平掌權後，他決定不要伐倒大樹，而是在林間種植大大小小的新樹。森林的林相愈來愈豐富，有鄉鎮企業、私人企業、國有企業、外資企業。森林裡的樹木為了生存空間與養分彼此競爭，但仍共同構成一個生態系。有些樹枝葉茂盛，有些樹枯萎凋零。日子久了，北京也允許把某些國有企業伐倒。

這座森林裡，臺資企業站得最穩、長得最快。枯死的當然不少，有些活下來的樹也一直長不大。不過，許多臺資企業長成參天巨樹。一九九五至二〇〇八年間，從臺灣移植過去的樹醒目出眾。有一些長得比鄰樹高了好幾個頭，像是富士康和製鞋的豐泰。有些樹沒長那麼高，但健康狀況特別好，結出了豐碩的果實，為新的投資播下種子。

二〇〇八年起，森林的生態再度改變。林間依然有不少健壯的臺灣移植樹，但它們已經不像過去那樣突出，對於森林整體的健康也不如以往重要。事實上，有些觀察家擔心臺灣「樹」正在被擠出去。同時，中國作為「世界工廠」的地位也受到質疑。中國政府若想達成將經濟升級成為科技龍頭的願望，就必須仰賴本土科技與地方企業的成功。其間，中國生產成本增加，與貿易夥伴關係緊張（尤其是美國），損及製造業的競爭力。二〇二〇年八月，鴻海董事長劉揚偉告訴投資人，「中國作為世界工廠的時代已經結束」。[1]

第一波臺灣投資人在一九八〇年代晚期與一九九〇年代初期到中國時，中國私營領域還處於嬰兒時期。精確來說，國內私營領域是被人打落到嬰兒狀態。中國經濟官僚沒有放手讓地方企業家帶領國家往消費性製造業發展，而是重整國有企業領域，開放外資直接投資。與此同時，他們為地方官員設計了一套獎勵制度，藉此強力刺激地方官員向外吸引兜攬經濟活動。他們的目標是要借助外部資金力量加速經濟成長，同時要求（而不是等待）本國經濟必須大到足以吸收本國產出，成為自身成長動力。

這些決策為有意到中國投資的臺灣傳統製造業者，創造了一個理想環境。一九八〇年代晚期，中國政府中斷鄉間企業的信貸，同時鼓勵地方官員刺激經濟活動發展，如此一來，外資就是地方設法招商時最明顯的目標了。[2]外資直接投資規定自由化之後，官員才敢放手跟外國夥伴合作，而這些外資夥伴也樂於把握獲利機會。臺灣投資人尤其積極，一來是因為他們在本國面臨嚴峻的成本限制（薪資、法規壓力、貨幣升值都壓縮了臺灣傳統製造業者的獲利），二來則是因為比起其他有潛力的低薪資投資環境，中國語言障礙低、政策環境友善，讓他們感覺更自在。

第二波臺灣投資人，也就是包括設備製造與半導體在內的高科技領域，在一九九〇年代中期開始西進時，臺灣企業已在中國幾個地區建立能見度，甚至是主導地位。然而從二〇一〇年代初期開始有愈來愈多證據顯示，曾經在九〇年代銳不可擋的成長趨勢，其鋒芒正在減退。

二〇〇一年起，中國國內私人與非私人企業發展步伐愈來愈快，而情況從二〇〇八年開始尤其明顯。假如中國經濟是一片森林，臺資企業則是新種下去的樹當中，首先在一九九〇與二〇〇〇年代初期發展成熟的樹種。由於從臺灣移植過來的是已有根基的企業，因此也是森林裡最高大的樹木。然而從二〇〇〇年開始，許多中國國內樹種已高過了從臺灣移植過來的樹。

二〇〇八年是轉捩點。中國主要外銷市場的消費者口袋深度遭到全球金融危機重創，出口導向企業連帶受到打擊。電子裝置、品牌服飾與鞋類等領域受創最深，而臺資企業就是上述幾個領域的領頭羊。中國經濟森林中的臺灣樹木等於遭到剪枝，有些一下子被剪得太過頭。與此同時，中國政府開始對經濟中的其他領域澆水施肥激勵成長，尤其是那些跟基礎建設和營造有關的領域，而臺資企業在上述地方人微言輕，甚至不見人影。

臺資企業遭到剪枝，中國本土企業（國有企業為主，但也有一些非國有公司）得到施肥，兩者同時發生導致的結果是，臺資企業**相對於**中國企業的重要性，遠遠比二〇〇八年以前來得低。金融危機動搖了人們視臺灣企業為中國經濟領導者的看法，而中國經濟在危機發生後卻一支獨秀，繼續繁榮成長。中國企業也開始展現自己的出口製造實力，尤其是銀彈充足的國有企業。海爾等公司證明中國本土企業有能力與全球知名的製造業者一較高下，而且這些本土企業的規模大到（與同領域的臺灣公司相較，例如海爾同領域競爭者是大同）足以發揮規模經濟優勢，臺灣只有幾家最大的企業可與之比拚。

總之，即使許多臺灣企業在中國依然發展良好，但臺灣與中國看待這些企業的方式，已經因為二〇〇八年的經濟衰退和激勵措施而改變了。種種因素加上對於中國經濟政策的其他負面觀感，導致許多臺灣人擔心臺商恐將完全無法在中國立足，或者失去獲利能力。

表面上，這種看法似乎跟富士康、旺旺與台積電等成功企業的現況不符，但許多臺灣人對於任何跟中國有關的衰退或受害跡象都極為敏感，無怪乎他們會那麼擔心。

隨著中國經濟成長，相較於個別中國企業與整體中國經濟，個別臺灣企業與整體臺資領域的規模都在衰退。而且，衰退的不只是規模；近年來，臺灣企業的重要性與影響力都在降低。衰退的主因，在於早期臺灣投資人摘採的「低垂的水果」多半已經採光了。臺灣企業必須升級技能、科技與人脈，才能保持在今日中國經濟體內的能見度與影響力。企業必須展現高水準，才能領先中國本土競爭者，但不是所有臺灣企業都能達到新的標準。何況許多競爭者得到中國政府幫忙，更讓情況雪上加霜。

第一批赴陸的臺灣投資人，稱霸了各式各樣產業的出口導向製造活動。他們之所以表現優異，很大一部分原因是有多年為國際品牌做專業代工（OEM）的代工商經驗。一九八〇年代的臺灣有一些知名製造業者，但沒有能影響全球的品牌，而且即使是馳名東亞的臺灣品牌，也會為國際品牌做專業代工。

臺灣的代工業在一九八〇年代受到生產成本增加的挑戰，但業者沒有把江山拱手讓給成本低廉地區的競爭者，而是利用中國工資低、法規寬鬆的環境，重振代工關係。從品牌企業角度來看，這個結果相當理想：不用更換供應商就能降低價格，而且適應低成本平臺所需付出的代價，也是供應商在承受。還有一個額外的好處：跨國企業毋須自己到中國設廠，就能打入中國。

與此同時，創立於中國本土的企業，無論是私人企業、鄉鎮企業或國有企業，幾乎都沒有製造消費性商品供應外銷、乃至於國內消費市場的經驗。這意味著臺灣與其他國家投資人有機會將出口導向製造業，以及多種零售與服務業引進中國。西方與日本外資傾向以合資方式進入中國市場，這樣就必然要與中國合夥人共享管理方法、技術與行銷管道。臺灣投資人則偏好成立外商獨資企業。因此，臺灣企業的技術、知識與代工關係得以守在臺資社群內部。多數臺資企業的營運地，會和同產業的其他臺企形成群聚，成為所謂的「空中堡壘」。

整體而言，臺灣企業之所以能在中國取得成功，是因為它們本就領先中國本土企業，進而利用領先幅度，為自己帶來「第二春」。臺企以中國為臺階，從專業代工轉型為設計代工（ODM），後者這種形式的代工可以為客戶提供高附加價值，企業的收益也更高。臺灣的公司在一九九〇年代挾其優越的技術、管理與行銷起家，但這不代表擁有能睥睨所有競爭者的魔法。中國企業超車之後，臺商隨之面臨「三轉」困境：「轉型」（技術升級）、「轉移」（生產地點），還是「轉行」（跳去另一個行業）。[3]

臺灣企業在轉型升級上成就斐然（臺灣的公司推動了幾個領域的製程技術革新），但它們也沒有升級魔杖；無論對臺企或其他國家的企業來說，轉型都是難事。臺灣政府提供升級協助，但轉型之路仍是艱困難行。有些企業成功了，但許多卻失敗了，或者錢用光了，走不下去了，於是打包回府（加入「轉行」陣營）。許多產業的進場門檻提高，而且隨著臺灣的、中國本土的和其他國家的愈來愈多企業發展成熟，中國整體經商環境也愈趨競爭。

並非所有臺灣製造業廠商都採取轉型升級為其戰略。有些企業選擇遷往中國經營成本較低的地方，以減少花費。沿海省分薪資水準提升，傳統製造業於是遷往內陸——希望「騰籠換鳥」的地方政府也推了一把，把比較不具吸引力的產業趕走，為比較有吸引力的產業騰出空間。這是一個經過精心策劃的策略，由中國中央政府大力推廣，旨在促成產業升級。

許多選擇「西向」戰略（也就是「轉移」到新的地點）的投資人，發現這帖方子的藥效不如預期。內陸省分確實提供租稅減免，製造成本也確實較低，但西部的勞動條件與一九九〇年代初期讓臺灣投資人順風順水的地方相比，實在差得太遠。鄧建邦研究中國西部的臺資企業，發現它們在新環境中遭遇嚴峻挑戰。[4] 勞權人士想必不樂見，但一九九〇年代珠江三角洲典型的工廠，有成千上萬來自鄉下的年輕婦女，她們長時間工作，就近住在公司宿舍，這對製造業來說再理想不過了。一九九七年，邢幼田在《在中國打造資本主義》（*Making Capitalism in China*）一書提出對臺資製鞋廠的研究成果，書中描述的「軍事化」管理，為臺資企業乃至於它們的外國客戶，帶來可觀的利潤。

鄧建邦指出，一旦往內陸發展，就必須對前述模式做出大幅調整。中國內陸的勞動力成本或許低廉，但可塑性較低，要求更多，而且地位終究比沿海省分以移民工為主的勞動力要高。四川與湖北的在地工人不像出外到廣東或江蘇工作的移民工，他們的工作地點就在戶籍地。出外工作的人就像次等公民，容易受到剝削，但他們不會。他們生活在家鄉；他們要對家人與農地負責。他們希望晚上可以回家。鄧建邦發現，有些地方的工人甚至可以在農忙時請假。臺幹發現，想在這種環境裡成功，就必須把自己的「空中堡壘」跟特定社群栓在一起，並僱用當地人擔任主管。

有些臺企為了保持在中國的地位，採取另一種戰略，亦即不只把中國當成製造平臺，更是市場。由於出口在中國經濟中的分量漸輕，前述策略可說是合乎邏輯的因應方式。二〇〇六年顛峰時，中國的出口曾經占GDP的三五%，此後穩定下降，到了二〇一九年已降到不足二〇%，這也讓中國本土市場變成更令人垂涎的目標。早期入市的臺灣業者成績優秀，統一與旺旺等食品加工業者尤其出色，但中國的消費市場競爭激烈，本土、臺資與其他外資企業都對消費者的人民幣虎視眈眈。除了熟悉中國產品與中國人口味，占了先機之外，臺資企業在中國市場中享有的結構性優勢其實並不多。相較於中國本土企業，臺灣在服務業領域確有領先優勢（臺灣服務業發展得遠遠比中國好），馬政府時期亦與北京協商《海峽兩岸服務貿易協議》，但反對者於二〇一四年春天占領臺灣立法院議場後，《服貿協議》已胎死腹中。

講白了，從一九八七到二〇〇〇年代初期，臺灣投資人摘採的是好採的果子。二〇〇〇年代之初，他們還能靠著將製程去蕪存菁加強效率，把稱霸的時間拉長一點。但到最後，觸手可及的機會還是枯竭了。無論是遷往中國經營成本低的區域，還是把商品銷往中國市場，都是權宜之計，不是萬靈丹。維持領先地位所必須的轉型與升級，超出了許多（雖然不是全部）企業能力所及。

隨著中國本土企業茁壯，臺灣的投資對中國的地方來說也就愈來愈不重要，而臺企在一九九〇與二〇〇〇年代享有的特別待遇與特權也正在消失。個別臺灣勞工也發現自己競爭力不若以往，中國人的技能已迎頭趕上。不久前，臺灣年輕人還認為到中國工作是「次優」的選項，也就是如果沒有臺灣的就業機會來找自己，或者是想要冒險，才會選擇中國。而後來有一陣子，臺灣年輕人覺得能在中國找到工作是自己幸運。如今，赴陸工作的魅力迅速減退，一來是因為獎金與「偏遠加給」幾乎都沒了，二來則是因為在中國受到的嚴密政治監控令人倒盡胃口，甚至恐懼。

二〇一六年，李駿怡在部落格發文，總結中國本土企業與日俱增的挑戰：

> 臺灣必須面對現實，未來幾年的中國供應鏈恐怕就不會納入臺灣的廠商了。……二〇一五年，一名在新竹科學園區（臺灣的高科技搖籃）工作的受訪者告訴我，中國公司提供極有競爭力的補貼待遇，還承諾讓臺灣員工的家人在中國安家。「我幾個同事實在擋不住這種誘惑」，受訪者坦承。這才是新政府（蔡政府）即將面臨最主要也最迫切的問題。[5]

處於這種獲利減少、競爭增加的氛圍，許多臺灣人開始重新評估兩岸經濟往來的機會與威脅。話雖如此，這項消息不盡然都是負面的。不少深入探討兩岸經濟的學者，深信讓中國企業擴大在高科技製造業的影響力，其實有助於提升臺灣企業的競爭力。王振寰與曾聖文研究IC設計公司，兩人主張臺灣企業正在利用紅色產業鏈，脫離原本作為代工業者的傳統角色，成為擁有自己技術的頂尖企業。[6]

根據二〇二〇年布魯金斯研究院的報告，中國晶片製造量能幾乎已超越臺灣。但是，報告的作者為反映晶片技術成熟度而調整數據後，臺灣占全球晶片產量比例卻騰升到四三%，中國則僅占三%。[7]政治經濟學家傅道格寫過不少論文，羅列中國科技公司試圖超車臺灣產業龍頭時面臨的障礙。據傅道格所言，「即使有政府全面且強力的支援，國有企業往往仍無法產生官方政策所期待的科技動能。」[8]

有些臺灣企業已經被激化的競爭擠了出去，但許多企業則順著浪頭往上，升級的壓力反使企業體質更強健。臺灣求職者對於這些企業的發展不見得有信心、有共鳴，但問題並不出在臺灣企業與科技的品質，而在於當前經濟傾向於創造失業型成長（jobless growth）。

得到政府支持的中國企業迅速攻城掠地，臺資企業就算沒有因此被擠出市場，也不太可能再次享有當年在中國那種理所當然的巨大優勢。經濟情勢已然改變，政治局面也不同了。多年來，中國領導人深信在中國的臺商社群，是促成統一臺灣目標的最佳盟友。但經過馬英九的八年執政（其間，臺灣人基本上能深入中國經濟，暢通無阻），卻沒有比二〇〇八年時更貼近統一。事實上，「兩岸距離已更加遙遠」恐怕才是真正的結論。靠臺商促統是行不通的——一旦北京這樣想，恐怕就不會繼續擴大對臺灣企業的優遇。

儘管中國政府對於優遇臺企以促進統一的做法已不再抱持信心，但中國的基本政策依舊沒變，而且也還沒放棄利用兩岸經濟關係促成自己的利益。比方說，北京國臺辦在二〇一八年二月宣布惠臺三十一項措施，旨在吸引更多臺灣投資人與專業人才到中國發展。國臺辦發言人表示，其目標在於為臺灣與中國企業創造公平競爭平臺。臺灣公司在惠臺措施下獲准參與「中國製造二〇二五」計畫，可以對基礎建設工程投標。此外，三十一項措施當中還有減稅優惠，讓臺灣書籍、電視節目與電影更容易觸及中國消費者。臺灣人獲邀加入在中國的職業工會，申請專業證照。

繼三十一項惠臺措施後，北京在二〇一九年十一月提出另外二十六項措施，其中有不少措施是以確立臺灣個人與中國政府間關係為目標，例如讓臺灣人可以在國外尋求中國使館協助，以及申請臨時護照。北京更在另一個場合表示將給予臺灣人居留許可。二十六條與三十一條一樣，放寬了對臺灣公司的若干投資限制，允許臺商參與5G與民航等高價值產業。

這三十一條加二十六條，是北京給臺灣企業與個人的胡蘿蔔甜頭，而各方對此的回應相當複雜。據估計有十萬臺灣人接受了居留許可，但申請護照的人數有限，畢竟臺灣的護照廣為國際所接受，免簽證入境國數目是持中國護照的兩倍。臺灣陸委會指出，前述各項措施不足以扭轉對中投資的負成長（從二〇一六至二〇一九年，已連四年衰退）。二〇一〇年，臺人對中投資占臺灣對外投資額的八三%，之後就開始衰退，到二〇一七年時只剩四四%。[9]與此同時，臺灣勞動部的數據也顯示，在中國工作的臺灣人人數自二〇一三至二〇一四年的高峰後一路下降。二〇一九年的美中貿易戰只會加速這股趨勢。

此時有些矛盾的是，北京一方面明顯開始削減臺商在中國經濟中的分量，一方面卻又在福建成立自由貿易試驗區以促進兩岸貿易與投資。福建自貿區在二〇一四年核准設立，二〇一五年正式啟用。根據官方聲明，自貿區目的為探索閩臺經濟合作新模式，創新兩岸合作新機制，促進貨物、服務、金融資本與人員的自由流動。[10]福建自貿區的設立，彷彿時光倒轉，回到兩岸投資之初：數十年來，中國各地方政府躍躍欲試，想招徠臺商企業到當地，現在北京用自貿區吸引臺灣投資與人員到特定地點，達成它所指定且限定的目的。

即使有自貿區與兩位數的惠臺措施，但臺灣企業還是不如以往特別了。是浮是沉，端視其競爭優勢與表現。臺企根據自己的評估與經營邏輯，選擇要跳進哪一個池子裡。許多臺灣公司堪稱游泳健將，把它們排出陣容之外可謂不智之舉。換個比喻來說，臺資之樹不會隱沒於中國經濟森林中，然而也不再長得比周圍的樹更高更快。從一九八七到二〇一〇年前後，臺灣人在中國經濟發展中扮演要角，推動全球化、製造成長、消費潮流與流行文化。對大多數臺商和他們的中國夥伴而言，上述互動是雙贏的。但以前就有人警告過，長期而論，中國商場上沒有雙贏這種事。一九九〇年代，臺灣人看到這個教訓如何發生在個別企業身上；今日，臺灣人則是看著集體臺商如何得到這個教訓。

習近平時代的商業氛圍轉變

臺灣企業不能期待永遠享有特殊地位；中國公司總有一天會迎頭趕上。這個過程在習近平主政下不斷加速，習近平是經濟民族主義者，以本國企業（尤其是國有企業）為先，外資為後。國有企業明顯受到照顧；即使外資企業不再享有曾經的特殊待遇，中國本土私人企業仍要面對政策挑戰。凡是私人企業，無論是本土、外資還是臺商，都受到增稅、監管升級與信貸取得受限等牽制。

臺商在中國面臨的挑戰，不只有經濟民族主義和紅色供應鏈的競爭。臺灣大眾文化與臺灣品牌也不如過去受歡迎，而這股趨勢背後還有民粹民族主義與「臺灣人背棄中華民族」的反臺論調在推波助瀾。其間，習近平嚴控資訊、交通與組織。非政府組織面臨愈來愈多的限制，例如二〇一七年發布的規範外國非政府組織法律，臺灣團體也是管轄對象。進入習近平時代，宗教組織同樣面對日益增多的監控與干預，娛樂圈人士也費盡心思避免做出任何可能違逆中國政府的舉動。

如果在中國高速成長的機會已近告罄，臺灣公司該採取什麼樣的下一步？在經濟方面，臺灣公司正重新思考自己仰賴中國作為主要生產平臺的做法，並尋求機會將供應鏈與營運分散到新的地點。二〇一〇至二〇二〇年之間，中國占臺灣對外投資的比例已經砍半。[11]美中貿易戰加速了這個過程，因為美國對從中國進口的貨物課徵關稅，也會損及臺商利潤。臺灣政府則從戰略角度回應這些發展，推行旨在分散臺灣經濟夥伴與離岸製造業的新政策。

首先是蔡英文總統的新南向政策，她在二〇一六年就職後推動是項政策，幫助臺灣企業跟南亞、東南亞供應商及其他合作夥伴建立關係。投資人向來謹慎，畢竟政治動機換不到利潤，但在中國生產的成本不斷提升，加上貿易戰，讓他們的經濟考量發生改變。到了二〇一九年，臺灣對新南向國家的投資已增加一六％。與此同時，來臺的東南亞觀光客與學生數，也和東南亞勞工人數一樣飛速成長。

第二項政策發展是一套補助措施，旨在吸引臺灣企業回流，以減稅、利率減免，以及放寬外籍勞工僱用規範等方式，幫助遭受美中貿易戰夾殺的公司克服遷廠的成本。二〇一九年上半年，申請補助的臺商對內投資，讓兩百七十億美元回流。幾家臺灣最大科技公司的名字也出現在回流潮中。例如全球第三大電子製造服務業公司廣達電腦，投入五億美元在臺興建設施，包括在桃園新建的巨型廠房。印刷電路板供應龍頭欣興電子表示，該公司在二〇二〇年的資本支出將有八〇％用於臺灣。[12]

回流的資金對臺灣來說有如天降甘霖，對臺灣總統來說也是，她在二〇二〇年一月連任成功，投資的激增有其功勞。儘管如此，貿易戰帶來的絕對是禍福參半。許多臺灣企業在中國多方經營，並不容易抽身。華盛頓的頭號目標是華為，而華為恰好是全球最大晶圓代工業者與臺灣最重要的企業，也就是台積電的大客戶。

兩岸經濟奇蹟興衰及其政治意涵

臺灣對中國經濟與社會發展的貢獻良多，但學界與制定政策的人對此居然關注不多。談兩岸經濟關係的文章與報導，泰半把焦點擺在其政治意涵上，而且大多圍繞著下面這個問題：這兩個經濟體的整合，會不會拉近雙方的差距，最終走向統一？

老實說，我覺得這個問題有點怪。為什麼只因為這兩個自主的政體彼此間有許多貿易與投資，就覺得它們會合併呢？無可否認，臺灣與中國的共通之處不僅如此：兩者曾經受同一個帝國（滿人的清帝國）統治，講的語言也大致相同；兩者有些共同的文化根源；海峽兩岸許多人因為上幾代的祖先而有往來連結。但是，假如上述條件加上緊密的經濟往來，就足以帶來政治統一的話，那美國與加拿大怎麼還沒有解決十八世紀的歷史差異，然後重新合為一體？

當然，這兩個案例有很大的差距。上一次有加拿大或美國政治人物呼籲再度統一不列顛屬北美（British North America），已經是很久以前的事；然而時至今日，中華人民共和國政府仍在主張臺灣與大陸統一。二戰後大部分時間裡，也有不少臺灣人相信統一是臺灣的宿命。臺灣的中國民族主義者認為兩岸應該統一在清帝國的繼承國，也就是中華民國之下，而大陸的中國民族主義者則認為應該由中華人民共和國一統江山。今天，大陸那一側遠比臺灣這一邊更堅持統一的主張，也正是這種對於統一的主張，引人臆想經濟互動是否真的會讓通往統一的路更加平緩。

雙方經濟往來三十多年之後，答案已經很清楚：一旦涉及政治，經濟互動也無法影響情勢太多。經貿往來為雙方創造大量財富，促成在各種建設與項目上的合作，也緩和了雙方對於激進行動的狂熱——獨立或統一皆然。但經濟的嚙合併沒有讓臺灣更趨近於接受北京版的統一，也沒有動搖北京根據自己的主張將臺灣納入控制的決心。

北京的路線沒有改變太多。北京期待兩岸經濟紐帶能把臺灣往中國的方向拉，到現在這仍是它的重點政策；中國官員鮮少承認臺灣投資人對中國經濟發展貢獻厥偉。至於臺灣人，他們花了三十五年，找出能實現什麼樣的兩岸經濟關係。儘管年紀漸長、智慧漸增、財富漸豐，但如今他們的立足之處到頭來卻與起點相去不遠。

《臺灣與中國：若即若離》（*Taiwan and China: Fitful Embrace*）書名十分傳神，政治學家劉致賢在其中一篇文章提到，兩岸經濟整合的下一階段為何遠比前幾個階段困難。[13]臺方和美國商界與政策者立場類似，認為中國政府的國家主義經濟政策會威脅市場競爭，讓臺灣處於劣勢。她指出，馬英九時代為了讓中國對臺投資合法化而採取的措施，尤其讓臺灣人感到焦慮。二〇一四年太陽花運動與其他抵制馬政府施政的行動，背後的主因正是對不公平競爭的擔憂。劉致賢亦指出，無論實情如何，許多臺灣人深信兩岸經濟整合造成臺灣內部的不平等。劉致賢表示，「臺灣民眾以前經歷過臺灣的國家資本主義體制，強調高度經濟成長與低度收入不平等，但新的經濟發展模式與此大相逕庭。」[14]最後，劉致賢觀察到，經濟的嚙合反倒「會刺激民眾對於臺灣主權地位的意識」，而中國意圖削弱這種意識。[15]

對中國商機興趣消退的另一大原因是全球商業氛圍。無論從經濟還是政治因素出發，中國都不再是不可或缺的營運地點。勞力密集製造業正遷往東南亞與其他地方，而科技公司也正朝自動化生產發展，將生產活動遷回臺灣。智慧財產權是業者願意變動的動機之一，至於中國與美國（以及其他西方國家）之間益發緊張的經濟關係，則是另一個動機。臺商之所以往中國發展，多少跟客戶的要求有關；現在，他們的客戶希望從政治比較不敏感的市場取得科技產品，臺商也會照辦。

從一開始，臺灣人到中國投資，就是經濟考量使然。蔡中民在《臺灣與中國：若即若離》的其中一章說明，臺人赴陸投資的模式是緊貼經濟因素而行，而非政治發展。[16]換句話說，無論臺灣的總統是李登輝、陳水扁、馬英九或蔡英文，對於經濟關係的開展影響都不大。臺商追逐經濟訊號，導致臺灣政府很難控制經濟關係，但中國的影響力也因此受限。冷則剛在同一本書裡舉富士康為例，表示富士康的成就跟兩岸任何一邊政府的協助都沒有關係，完全是經濟趨力造就的結果。[17]經濟關係將如何重塑臺海兩岸的政治連繫？有人期待，有人恐懼，但經濟關係始終就是經濟關係。

最晚從二〇一四年開始，臺灣民眾對兩岸互動的熱情已逐漸冷卻，但二〇一九與二〇二〇年的局勢更讓兩岸關係由冷轉冰。一九七九年，鄧小平提出以「一國兩制」方案，讓臺灣在政治上與中華人民共和國整合。根據一國兩制方案，臺灣接受中華人民共和國的主權之後，享有「高度自治」。一九八一年，中國人大常務委員長葉劍英羅列北京的規畫：「國家實現統一後，臺灣可作為特別行政區，享有高度的自治權，並可保留軍隊。中央政府不干預臺灣地方事務；臺灣現行社會、經濟制度不變，生活方式不變，同外國的經濟、文化關係不變。」[18]

一國兩制向來不受臺灣人歡迎。在臺灣，連歷來不斷呼籲統一的國民黨也從來沒有為一國兩制背書。國民黨的立場是，統一唯有在中華民國民主憲政下實現，不能是中華人民共和國的共產制度。儘管如此，北京依舊以一國兩制為對臺政策的主軸。為展現一國兩制對臺灣的正面潛力，北京決定以其為一九九七年接收香港的制度框架。於是，香港變成一國兩制的實驗白老鼠。北京期盼透過遵守維持香港自治的承諾，能說服臺灣人相信在相同的方案下統一，既能讓兩岸合而為一，又不至於改變臺灣最珍貴的特色。

直到不久之前，臺灣人都不太關注香港的情況。畢竟大多數臺灣人本來就對一國兩制沒有好感，自然不會多花時間注意香港施行的情形。這種漫不經心的態度在二〇一四年開始改變，臺港兩地先後爆發抗議，首先是臺灣的太陽花運動，幾個月後則是香港的雨傘運動。兩起運動的目標類似，本身都反映對於中國影響兩地程度的擔憂，領頭的也都是對中國抱持懷疑態度的年輕社運人士。

兩起運動歸於平靜後，社運人士仍持續支援彼此，在一些活動上彼此配合。後來香港公民起身反抗迫在眉睫的引渡法，憂心法案將讓北京得以在中國審判、懲罰香港政治異議人士時，此事也成為臺灣的大事。香港人在二〇一九年三月開始示威，延續超過一年，臺灣也群情激動。香港運動人士造訪臺灣，集結支援，吸引大批群眾；臺灣年輕人設置「連儂牆」（Lennon Walls），用海報與寫滿鼓勵的便利貼來表達他們的感受。等到警察暴力成了香港示威活動焦點時，臺灣青年隨之提升了他們的支持力道。他們用國語高喊香港示威者的粵語口號：「光復香港，時代革命」。

節節上升的暴力，甚至成為臺灣二〇二〇年一月總統大選的議題。當時的民進黨籍總統蔡英文表達對示威者的支持，而她的國民黨籍對手韓國瑜一開始卻沒有表達明確立場。韓國瑜的拖拖拉拉損及了年輕票群。香港絕非大選唯一的議題，甚至不是最重要的議題，但相較於前兩年的選舉，選民與媒體對於港人抗議的關注確實令人驚訝。蔡英文以五七％的選票贏得大選，而此次大選的投票率為十多年來最高。

大選結束後沒多久，不明疾病在華中城市武漢流行的消息從中國傳來，籠罩了此次選舉。不像許多國家還在等世界衛生示警，蔡政府一看到問題跡象，便立刻啟動臺灣的防疫應變機制。二〇一九年十二月三十一日，臺灣對自武漢直航入境班機採取登機檢疫。二〇二〇年一月二十日，蔡英文成立中央流行疫情指揮中心。臺灣的第一名新冠肺炎患者，是一位在武漢教書的臺籍女性，乘坐一月二十一日的班機抵臺。

臺灣對於 COVID 疫情的因應迅速且有效。政府接管口罩的生產與發送，並規定公共場所須配戴口罩，實施大規模篩檢與接觸者追蹤，讓本土傳播染疫人數保持在低點。各級學校延長寒假，官員則推敲如何安全地重啟教學。入境旅客必須接受十四天檢疫，同時禁止自疫情重災區起飛的班機入境。第一起案例通報的六個月後，臺灣染疫總人數為四五五人（其中約五十個案例為本土感染），七人死亡，而臺灣總人口數為兩千四百萬人。如此防疫成績在全球名列前茅。

二〇二〇年六月，中國全國人大通過港版國安法。在臺灣，港版國安法的實施被人解讀為北京拋棄一國兩制，對香港實施直接統治。對臺灣來說，和平統一、高度自治似乎比以往更遙遠了。一國兩制承諾瓦解，加上人們認為臺灣差點沒躲過源於中國的災難疫情，激發出一波臺灣認同與主權的高峰。二〇二〇年春季，臺灣民眾認為自己是「臺灣人」的身分認同（既非「中國人」，亦非「既是臺灣人也是中國人」）達到六七%的歷史新高。與此同時，支持最終獨立的比例也達到二八％的歷史最高點。[19]

北京在港舉措與COVID疫情的負面影響，抹去了兩岸經濟合作的所有正面效益。中華人民共和國的形象與聲望跌至歷史新低，連國民黨都被迫修改其兩岸政策。

如果說中國在改變臺灣政治氣候這件事上進行得不太順利，反觀臺灣影響中國政治氛圍的表現也沒有比較好。臺灣人不會把中國當成臺灣政治發展的豐沛靈感來源，中國領導人也不會向臺灣尋求政治啟迪。中國國內固然有個別人士以臺灣為榜樣，像是我住上海時的房東，但習近平時代的公共領域實在沒有留多少餘地給這類想法。

你我如今身在何處？經過將近三十五年的經濟合作與嚙合，臺灣與中國看來是漸行漸遠。中國已經跟臺灣老師學到所需的一切，而臺灣企業對於擴大經營中國也不再有熱情。雙方不見得分道揚鑣——好比美國跟中國，臺海兩岸的經濟纏結已經太深，無法一刀兩斷，但高速整合與互惠的時代已然走到盡頭。

1 轉引自Debby Wu, "China's Days as World's Factory Are Over, iPhone Maker Says," Bloomberg, August 12, 2020, https://www.bloomberg.com/news/articles/2020-08-12/hon-hai-beats-profit-estimates-after-pandemic-spurs-apple-demand.

2 Huang Yasheng, *Capitalism with Chinese Characteristics: Entrepreneurship and the State* (Cambridge: Cambridge University Press, 2008).

3 Chih-peng Cheng, "Embedded Trust and Beyond: The Organizational Network Transformation of Taishang's Shoe Industry in China," in *Border Crossing in Greater China: Production, Community and Identity,* edited by Jenn-hwan Wang (London: Routledge, 2015), 48.

4 Jian-bang Deng, "Marginal Mobilities: Taiwanese Manufacturing Companies' Migration to Inner China," in *Border Crossing in Greater China: Production, Community and Identity*, edited by Jenn-hwan Wang (London: Routledge, 2015).

5 Chun-Yi Lee, "Green Taiwan vis-à-vis China's the Red Supply China," University of Nottingham Asia Research Institute Blog, January 22, 2016, accessed December 15, 2020, https://theasiadialogue.com/2016/01/22/green-taiwan-vis-a-vis-chinas-the-red-supply-chain/.

6 Jenn-hwan Wang and Sheng-wen Tseng, "Managing Cross-Border Innovation Networks: Taiwan's IC Design Industry," in *Border Crossing in Greater China: Production*, Community and Identity, edited by Jenn-hwan Wang (London: Routledge, 2015).

7 Saif M. Khan and Carrick Flynn, "Maintaining China's Dependence on Democracies for Advanced Computer Chips," *Global China: Assessing China's Growing Role in the World*, Brookings Institution, April 2020, accessed December 15, 2020, https://www.brookings.edu/wp-content/uploads/2020/04/FP_20200427_computer_

chips_khan_flynn.pdf.

8 Douglas B. Fuller, "Growth, Upgrading, and Limited Catch-up in China's Semiconductor Industry," in *Policy, Regulation, and Innovation in China's Electricity and Telecom Industries*, edited by Loren Brandt and Thomas G. Rawski (Cambridge: Cambridge University Press, 2019), 263.

9 Sophia Yang, "China's Pro-Unification 31 Measures for Taiwan Have Failed: Academia Sinica Scholar," *Taiwan News*, January 26, 2019, accessed November 19, 2020, https://www.taiwannews.com.tw/en/news/3625988.

10 〈國務院關於印發中國（福建）自由貿易實驗區總體方案的通知〉，二〇二〇年十一月十九日查閱，http://www.gov.cn/zhengce/content/2015-04/20/content_9633.htm。

11 Min-Hua Chiang, "Taiwan's Growth Up, Despite Trade War Hit," *East Asia Forum*, January 11, 2020, accessed November 20, 2020, https://www.eastasiaforum.org/2020/01/11/taiwans-economic-resilience/.

12 Kensaku Ihara, "Taiwan Tech Companies' China Exit Fuels $25bn Investment Drive," *Nikkei Asia*, May 28, 2020, accessed November 20, 2020, https://asia.nikkei.com/Business/Business-trends/Taiwan-tech-companies-China-exit-fuels-25bn-investment-drive.

13 Chih-hsian Liou, "Varieties of State Capitalism across the Taiwan Strait: A Comparison and Its Implications," in Lowell Dittmer, Ed. T*aiwan and China: Fitful Embrace,* edited by Lowell Dittmer (Berkeley: University of California Press, 2017).

14 Liou, "Varieties of State Capitalism," 128.

15 Liou, "Varieties of State Capitalism," 129.

16 Chung-min Tsai, "The Nature and Trend of Taiwanese Investment in China (1991–2014): Business Orientation, Profit-Making and Depoliticization," in *Taiwan and China: Fitful Embrace*, edited by Lowell

Dittmer (Berkeley: University of California Press, 2017).

17 Tse-Kang Leng, "Cross-Strait Economic Relations and China's Rise: The Case of the IT Sector," in *Taiwan and China: Fitful Embrace*, edited by Lowell Dittmer (Berkeley: University of California Press, 2017).

18 "A Policy of 'One Country, Two Systems' on Taiwan," Ministry of Foreign Affairs of the People's Republic of China, accessed November 24, 2020, https://www.fmprc.gov.cn/mfa_eng/ziliao_665539/3602_665543/3604_665547/t18027.shtml.

19 Election Study Center, National Chengchi University, accessed November 24, 2020, https://esc.nccu.edu.tw.

參考書目

〈國務院關於印發中國（福建）自由貿易實驗區總體方案的通知〉，二〇二〇年十一月十九日查閱，http://www.gov.cn/zhengce/content/2015-04/20/content_9633.htm。

李玉瑛，〈裝扮新娘：當代臺灣婚紗業的興起與發展歷史〉，《逢甲人文社會學報》第八期（二〇〇四）：一八三—二一七。

張寶誠，〈臺商轉型升級與因應策略思考〉，「大陸臺商轉型升級：策略、案例與前瞻」研討會發表論文，臺北，二〇一二。

陳明祺與陶儀芬，〈全球資本主義、臺商與中國經濟發展〉，收入於田弘茂、黃偉峰主編，《臺商與中國經濟發展》（臺北：國策院文教基金會，二〇一〇），頁五一—六五。

陳添枝、顧瑩華，〈全球化下臺商對大陸投資策略〉，收入於陳德昇主編，《經濟全球化與臺商大陸投資：策略、布局與比較》（臺北：印刻，二〇〇八），頁一六—一七。

"1992 Consensus Beneficial to Taiwan." Xinhua News Agency. January 14, 2012. Accessed November 25, 2020. http://www.china.org.cn/china/2012-01/14/content_24405190.htm.

Adrian, Bonnie. *Framing the Bride: Globalizing Beauty and Romance in Taiwan's Bridal Industry*. Berkeley: University of California Press, 2003.

Biggs, Tyler S. "Heterogeneous Firms and Efficient Financial Intermediation in Taiwan." In *Markets in Developing Countries: Parallel, Fragmented, and Black*, edited by Michael Roemer and Christine Jones. San Francisco, CA: ICS Press,1991.

Brown, Deborah A., and Tun-jen Cheng. "Religious Relations across the Taiwan Strait: Patterns, Alignments, and Political Effects." *Orbis* 56, no. 1 (2012): 60–81.

Brown, Kerry, Justin Hempson-Jones, and Jessica Pennisi. "Investment across the Taiwan Strait: How Taiwan's Relationship with China Affects Its Position in the Global Economy." Chatham House. November 2010. https://www.chathamhouse.org/sites/default/files/public/Research/Asia/1110pp_taiwan.pdf.

Chen Ming-chi. "Fortress in the Air: The Organization Model of Taiwanese Export-Manufacturing Transplants in China." *Issues and Studies* 48, no. 4 (2012): 73–112.

Cheng Chih-peng. "Embedded Trust and Beyond: The Organizational Network Transformation of

Taishang's Shoe Industry in China." In *Border Crossing in Greater China: Production, Community and Identity*, edited by Jenn-hwan Wang. London: Routledge, 2015.

Cheng Lu-lin. *Embedded Competitiveness: Taiwan's Shifting Role in International Footwear Sourcing Networks*. Unpublished PhD thesis, Department of Sociology, Duke University, 1996.

Chiang Min-Hua. "Taiwan's Growth Up, Despite Trade War Hit." *East Asia Forum*. January 11, 2020. Accessed November 20, 2020. https://www.eastasiaforum.org/2020/01/11/taiwans-economic-resilience/.

Chin Chung. "Division of Labor across the Taiwan Strait: Macro Overview and Analysis of the Electronics Industry." In *The China Circle: Economics and Electronics in the PRC, Taiwan, and Hong Kong*, edited by Barry Naughton. Washington, DC: Brookings Institution Press, 1997.

Choudhury, Saheli Roy. "Apple Denies Claims It Broke Chinese Labor Laws in iPhone Factory." CNBC. September 8, 2019. https://www.cnbc.com/2019/09/09/apple-appl-claims-it-broke-china-labor-laws-at-iphone-factory-mostly-false.html.

Chu, Wan-wen. "Industrial Growth and Small and Medium-sized Enterprises: The Case of Taiwan." Academia Sinica. 2003. Accessed November 24, 2020. http://idv.sinica.edu.tw/wwchu/SME%20TW.pdf.

Chu Yun-han. "China and the Taiwan Factor." In *Democracy in East Asia: A New Century*, edited by Larry Diamond, Mark Plattner, and Yun-han Chu. Baltimore, MD: Johns Hopkins University Press, 2012.

Clarke, Peter. "Global Top 50 Ranking of EMS Providers for 2019." eeNews Analog. April 19, 2020. https://www.eenewsanalog.com/news/global-top-50-ranking-ems-providers-2019.

"Coffee Consumption in China Has Risen by Over 1,000% in the Last 10 Years. International Comunicaffe. 2018. Accessed December 15, 2020. https://www.comunicaffe.com/coffee-consumption-in-china-has-risen-by-over-1000-in-the-last-10-years/.

"Coffee in China: A Few Observations." Crop to Cup Coffee Blog. 2011. Accessed December 15, 2020. https://croptocup.wordpress.com/2011/10/07/coffee-in-china-a-few-observations/.

Dedrick, Jason, Greg Linden, and Kenneth L. Kraemer. "China Makes $8.46 from an iPhone and That's Why a U.S. Trade War Is Futile." CBS News. 2018. Accessed December 15, 2020. https://www.cbsnews.com/news/china-makes-8-46-from-an-iphone-and-thats-why-u-s-trade-war-is-futile/.

Deng Jian-Bang. "Marginal Mobilities: Taiwanese Manufacturing Companies' Migration to Inner China." In *Border Crossing in Greater China: Production, Community and Identity*, edited by Jenn-hwan Wang. London: Routledge, 2015.

"Editorial: PNTR Won't Cure All China's Woes." *Taipei Times*. May 26, 2000. https://www.taipeitimes.com/News/editorials/archives/2000/05/26/0000037548.

Election Study Center, National Chengchi University. Accessed November 24, 2020. https://esc.nccu.edu.tw.

Ernst, Dieter, and B. Naughton. *China's Emerging Industrial Economy—Insights from the IT Industry.* Paper prepared for the East-West Center Conference on China's Emerging Capitalist System, Honolulu, Hawaii, August 10–12, 2005.

Fuller, Douglas B. "Growth, Upgrading, and Limited Catch-up in China's Semiconductor Industry." In *Policy, Regulation, and Innovation in China's Electricity and Telecom Industries*, edited by Loren Brandt and Thomas G. Rawski. Cambridge: Cambridge University Press, 2019.

Fung, Anthony Y. H. "The Emerging (National) Popular Music Culture in China." *Inter-Asia Cultural Studies* 8, no. 3 (2007): 435.

Gereffi, G. "The Organisation of Buyer-Driven Global Commodity Chains: How US Retailers Shape Overseas Production Networks." In *Commodity Chains and Global Capitalism*, edited by G. Gereffi and M. Korzeniewicz. Westport, CT: Praeger, 1994.

Gold, Thomas B. "Go with Your Feelings: Hong Kong and Taiwan Popular Culture in Greater China." *China Quarterly* 136 (1993): 907–925.

——. State and Society in the Taiwan Miracle. Armonk, NY: M. E. Sharpe, 1986.

Guy, Nancy. "'Republic of China National Anthem' on Taiwan: One Anthem, One Performance, Multiple Realities." *Ethnomusicology* 46, no. 1 (2002): 112.

Haggard, Stephan, and Chien-Kuo Pang. "The Transition to Export-Led Growth in Taiwan." In *The Role of the State in Taiwan's Development*, edited by Joel D. Aberbach, David Dollar, and Kenneth L. Sokoloff. Armonk, NY: M. E. Sharpe, 1994.

Hamilton, Gary G. "Organization and Market Processes in Taiwan's Capitalist Economy." In *The Economic Organization of East Asian Capitalism*, edited by M. Orru, N. Biggart, and G. Hamilton. Thousand Oaks, CA: SAGE, 1996.

——. *Patterns of Asian Capitalism: The Cases of Taiwan and South Korea*. Working Paper Series no. 28, Program in East Asian Culture and Development Research. Davis: University of California, Institute of Governmental Affairs, 1990.

Hamilton, Gary G., and Cheng-shu Kao. "The Asian Miracle and the Rise of Demand-Responsive Economies." In *The Market Makers: How Retailers Are Reshaping the Global Economy*, edited by Gary G. Hamilton, Benjamin Senauer, and Misha Petrovic. Oxford: Oxford University Press, 2011.

High, Anna. "'It's Grace and Favor: It's Not Law': Extra-legal Regulation of Foreign Foster Homes in China." *University of Pennsylvania Asian Law Review* 12 (2017): 357–405.

Hopkins, Terence K., and Immanuel Wallerstein. "Commodity Chains in the World-Economy Prior to 1800." *Review (Fernand Braudel Center)* 10, no. 1 (1986): 157–170.

Hsing You-tien. *Making Capitalism in China: The Taiwan Connection.* Oxford: Oxford University Press 1998.

Hsiung Ping-Chun. *Living Rooms as Factories: Class, Gender, and the Satellite Factory System in Taiwan.* Philadelphia, PA: Temple University Press, 1996.

Huang Chang-ling and Suk-jun Lim. *Globalization and the Corporate Strategies: South Korea and Taiwan's Footwear Industries in Transition.* Paper presented to the Annual Meeting of the American Political Science Association, Philadelphia, Pennsylvania, 2006.

Huang Yasheng. *Capitalism with Chinese Characteristics: Entrepreneurship and the State.* Cambridge: Cambridge University Press, 2008.

Ihara, Kensaku. "Taiwan Tech Companies' China Exit Fuels $25bn Investment Drive." *Nikkei Asia.* May 28, 2020. Accessed November 20, 2020. https://asia.nikkei.com/Business/Business-trends/Taiwan-tech-companies-China-exit-fuels-25bn-investment-drive.

Johnson, Ian. "Is a Buddhist Group Changing China? Or Is China Changing It?" *New York Times.* June 24, 2017.

Johnson, Joel. "1 Million Workers. 90 Million iPhones. 17 Suicides. Who's to Blame?" *Wired.* February 28, 2011. https://www.wired.com/2011/02/ff-joelinchina/.

Khan, Saif M., and Carrick Flynn. "Maintaining China's Dependence on Democracies for Advanced

Computer Chips." *Global China: Assessing China's Growing Role in the World*. Brookings Institution. April 2020. Accessed December 15, 2020. https://www.brookings.edu/wp-content/uploads/2020/04/FP_20200427_computer_chips_khan_flynn.pdf.

Kirby, William C., Billy Chan, and Dawn H. Lau. "Taiwan Semiconductor Manufacturing Company Limited: A Global Company's China Strategy (B)." Harvard Business School Supplement 320-045, November 2019, revised January 2020.

Kynge, James, and Mure Dickie. "China Warns Taiwan Businessmen." *Financial Times*. April 10, 2000.

Lee Chun-Yi. "Green Taiwan vis-a-vis China's the Red Supply Chain." University of Nottingham Asia Research Institute Blog. January 22, 2016. Accessed December 15, 2020. https://theasiadialogue.com/2016/01/22/green-taiwan-vis-a-vis-chinas-the-red-supply-chain/.

——. "Social Dimensions of the Changing Cross-Strait Relations in the Case of Taishangs." In *New Dynamics in Cross-Taiwan Strait Relations: How Far Can the Rapprochement Go?*, edited by Weixing Hu, 190–203. London: Routledge, 2013.

——. "Taiwan and China in a Global Value Chain: The Case of the Electronics Industry." In *Taiwan's Impact on China: Why Soft Power Matters More than Economic or Political Inputs*, edited by Steve Tsang. Cham, Switzerland: Palgrave Macmillan, 2017.

——. *Taiwanese Business or Chinese Security Asset: A Changing Pattern of Interaction between Taiwanese Businesses and Chinese Governments*. London: Routledge, 2011.

Leng Tse-Kang. "Cross-Strait Economic Relations and China's Rise: The Case of the IT Sector." In *Taiwan and China: Fitful Embrace*, edited by Lowell Dittmer. Berkeley: University of California Press, 2017.

Li Lauly. "MOEA Eases China Investment Rule." *Taipei Times*. August 14, 2015. https://www.taipeitimes.com/News/front/archives/2015/08/14/2003625310.

Liou Chih-hsian. "Varieties of State Capitalism across the Taiwan Strait: A Comparison and Its Implications." In *Taiwan and China: Fitful Embrace*, edited by Lowell Dittmer. Berkeley: University of California Press, 2017.

Loa Lok-sin. "Taiwan Buddhist Master: 'No Taiwanese.'" *Taipei Times*. March 31, 2009.

Osborne, Michael West. *China's Special Economic Zones*. Paris: Development Centre of the Organisation for Economic Co-operation and Development, 1986.

Ping Deng. "Taiwan's Restriction of Investment in China in the 1990s: A Relative Gains Approach." *Asian Survey* 40, no. 6 (2000): 958–980.

"A Policy of 'One Country, Two Systems' on Taiwan." Ministry of Foreign Affairs of the People's Republic of China. Accessed November 24, 2020. https://www.fmprc.gov.cn/mfa_eng/zili

ao_665539/3602_665543/3604_665547/t18027.shtml.

Reardon, Lawrence. *The Reluctant Dragon: Crisis Cycles in Chinese Foreign Economic Policy*. Seattle: University of Washington Press, 2002.

Reid, Toy, and Shelley Rigger. "Taiwanese Investors in Mainland China: Creating a Context for Peace?" in *Cross-Strait at the Turing Point: Institution, Identity and Democracy,* edited by I. Yuan. Taipei: Institute of International Relations, 2008.

Rubinstein, Murray. *The Revival of the Mazu Cult and Taiwanese Pilgrimage to Fujian*. Working Papers Issue 5. Cambridge, MA: Fairbank Center, 1994.

Sanger, David. "PC Powerhouse (Made in Taiwan)." *New York Times*. September 28, 1988.

Sun, Gordon. "Evaluating the 'Red Supply Chain.'" Taiwan Institute of Economic Research. 2015. Accessed December 15, 2020. http://english.tier.org.tw/V35/eng_analysis/pec3010.aspx?GUID=4f51831c-f5a2-4865-8c74-5a367e31ad79.

Tang Shui-yan. "Informal Credit Markets and Economic Development in Taiwan." *World Development* 23, no. 5 (1995): 845–855.

Tanner, Murray Scot. *Chinese Economic Coercion against Taiwan: A Tricky Weapon to Use*. Santa Monica, CA: RAND National Defense Research Institute, 2007.

Tian, John Q. *Government, Business, and the Politics of Interdependence and Conflict across the Taiwan Strait.* New York: Palgrave-Macmillan, 2006.

"Tourism Statistics." Ministry of Transportation and Communications, Tourism Bureau. Accessed November 25, 2020. https://admin.taiwan.net.tw/English/FileUploadCategoryListE003130.aspx?CategoryID=b54db814-c958-4618-9392-03a00f709e7a&appname=FileUploadCategoryListE003130.

Tsai Chung-min. "The Nature and Trend of Taiwanese Investment in China (1991–2014): Business Orientation, Profit Seeking, and Depoliticization." In *Taiwan and China: Fitful Embrace*, edited by Lowell Dittmer. Berkeley: University of California Press, 2017.

Wang, Jenn-hwan, and Sheng-wen Tseng. "Managing Cross-Border Innovation Networks: Taiwan's IC Design Industry." In *Border Crossing in Greater China: Production, Community and Identity*, edited by Jenn-hwan Wang. London: Routledge, 2015.

Weller, Robert P. "Cosmologies in the Remaking: Variation and Time in Chinese Temple Religion." In *It Happens among People: Resonances and Extensions of the Work of Fredrik Barth*, edited by Keping Wu and Robert Weller. New York: Berghahn Books, 2019.

World Integrated Trade Solutions. "China 1994 Import Partner Share." World Bank. https://wits.worldbank.

org/CountryProfile/en/Country/CHN/Year/1994/TradeFlow/Import/Partner/ALL/Product/manuf.

Wu, Debby. "China's Days as World's Factory Are Over, iPhone Maker Says." *Bloomberg*. August 12, 2020. https://www.bloomberg.com/news/articles/2020-08-12/hon-hai-beats-profit-estimates-after-pandemic-spurs-apple-demand.

Wu Rwei-ren. "Fragment Of/f Empires: The Peripheral Formation of Taiwanese Nationalism." *Social Science Japan*, no. 30 (December 2004): 16–18.

Yamashita Kazunari. "Taiwan IT Sector Battles Threat of 'Red Supply Chain.'" *Nikkei Asian Review*. March 15, 2016. Accessed November 25, 2020. https://asia.nikkei.com/Business/Taiwan-IT-sector-battles-threat-of-red-supply-chain.

Yang, Sophia. "China's Pro-Unification 31 Measures for Taiwan Have Failed: Academia Sinica Scholar." *Taiwan News*. January 26, 2019. Accessed November 19, 2020. https://www.taiwannews.com.tw/en/news/3625988.

Zhang, J. J. "Paying Homage to the 'Heavenly Mother': Cultural-Geopolitics of the Mazu Pilgrimage and Its Implications on Rapprochement between China and Taiwan." *Geoforum* 84 (2017).

Summit
春山之巔
O19

從MIT到中國製造：臺灣如何推動中國經濟起飛

The Tiger Leading the Dragon: How Taiwan Propelled China's Economic Rise

作　　者　任雪麗（Shelley Rigger）
譯　　者　馮奕達
總 編 輯　莊瑞琳
責任編輯　盧意寧
行銷企畫　甘彩蓉
美術設計　徐睿紳
內文排版　丸同連合 Un-Toned Studio
法律顧問　鵬耀法律事務所戴智權律師

出　　版　春山出版有限公司
地址　11670臺北市文山區羅斯福路六段297號10樓
電話　02-29318171
傳真　02-86638233

總 經 銷　時報文化出版企業股份有限公司
地址　33343桃園市龜山區萬壽路二段351號
電話　02-23066842

製　　版　瑞豐電腦製版印刷股份有限公司
印　　刷　搖籃本文化事業有限公司
初版一刷　2023年1月

定　　價　460元

填寫本書線上回函

春山出版
Email　SpringHillPublishing@gmail.com
Facebook　www.facebook.com/springhillpublishing/

國家圖書館預行編目資料

從MIT到中國製造：臺灣如何推動中國經濟起飛 / 任雪麗（Shelley Rigger）作. -- 初版. -- 臺北市：春山出版有限公司，2023.01，面；公分. --（春山之巔；19）
譯自：The tiger leading the dragon : how Taiwan propelled China's economic rise
ISBN 978-626-7236-09-3（平裝）

1.CST：經濟發展　2.CST：兩岸關係　3.CST：中國：4.CST：臺灣
552.2　　111020558

World as a Perspective
世界作為一種視野